国家自然科学基金面上项目"国际组织的决策机制设计"

（项目编号：72374010）成果

计算国际组织理论，是以计算方法研究国际组织问题，
并以计算科学的视角建构国际组织的理论。

计算国际组织理论

Computational International
Organization Theory

罗杭　著

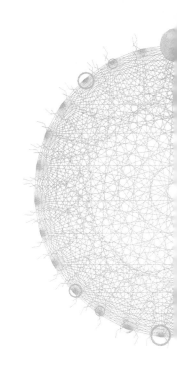

人民出版社

内容简介 *

    计算国际组织理论，是以计算方法研究国际组织问题，并以计算科学的视角建构国际组织的理论。国际组织决策是计算国际组织理论研究的一个很好的"切入点"。国际组织的成员构成演变与决策机制设计是国际组织研究的重要议题。以欧盟为例，成员规模的扩张（未来新成员的加入）和决策机制的变革（采用"一国一票"的简单多数、"一人一票"的人口多数还是双重多数等），是影响欧盟发展方向和欧洲一体化进程的

*   本研究系国家自然科学基金面上项目"国际组织的决策机制设计"（项目编号：72374010）的成果之一。本书是对笔者发表于《世界经济与政治》2020年第 7 期的论文《国际组织决策的智能体计算实验——以欧盟成员构成演变与决策机制变革为例》的扩充和升级，增加了若干理论上的思考，对模型建构进行了一系列改进，更新了数据，并在此基础上全部重做了模拟实验和数据分析，且首次公开了所构建的多智能体模拟系统的代码。

重大问题。因为对于相同的政策提案（特别是重要的条约草案），在不同的成员结构下以及在不同的决策机制下可能会导致截然不同的决策结果。笔者基于概念模型、数学模型和计算机模型的完整建模过程构建了一个嵌入于复杂网络的国际组织决策的多智能体模拟系统，在微观决策层面以群体决策理论构建各成员的行为互动机制，在宏观结构层面以复杂网络模型描述成员之间的关系演化规则（考虑了成员之间在偏好和行为上的相互影响以及影响关系的强度和极性差异），并基于系统动力学设置心理反馈机制实现微观层面成员心理、行为和宏观层面成员间关系结构之间的双向交互。进而采用自然科学的实验范式，在计算机虚拟环境中构建严格的实验条件，分别模拟运行和测度比较不同的决策机制设计和不同的成员扩张方案（及其交叉效应）对欧盟决策过程和结果的长周期影响，为事关欧洲一体化前景的关键性、争议性议题研究提供理论思考和计算支撑。本书是人工智能模型和计算机仿真技术（特别是多智能体系统）在国际组织领域的一次系统应用，也是"计算国际组织理论"这一新兴交叉领域的一次系统展示。

目 录

理 论 篇

应 用 篇

理　论　篇

第一章

计算国际组织理论：
多智能体系统"遭遇"国际组织研究

计算国际组织理论（computational international organization theory），是以定量和计算（包括计算机建模和仿真）方法研究国际组织问题特别是国际组织相关的计算问题（如群体决策、投票等），并以计算科学的视角建构国际组织的理论。

目前学界对国际组织的研究以国际关系和国际法等传统视角为主流路径，包括对国际组织决策机制及过程的研究，也以定性描述和思辨分析为主，相对较少有研究借鉴和使用来自于决策科学和计算科学的理论和方法，特别是从"计算国际组织理论"的范式（采用多智能体系统等计算机建模与仿真方法）

研究国际组织。近些年来，政治学与国际关系领域顶级国际期刊[1]中定量研究的比例逐年升高，除了采用作为社会科学主流定量分析方法的统计学，[2] 随着 AlphaGo、ChatGPT 等人工智能的"火热"，也逐渐出现采用机器学习[3] 等方法的研究。关于国际组织的计算机仿真研究，笔者[4]基于多智能体建模与仿真（agent-based modeling and simulation）开展了联合国安理会改革的模拟实验；此外，有学者[5] 基于多智能体系统，并集成进化博弈（evolutionary game）、社会网络（social network）、系统动

---

[1]　如 American Political Science Review、International Organization、International Studies Quarterly 等。

[2]　Daniel Maliniak，Amy Oakes，Susan Peterson，and Michael J. Tierney，International Relations in the US Academy，*International Studies Quarterly*，2011，55（2）：450–454；庞珣：《国际关系研究的定量方法：定义、规则与操作》，《世界经济与政治》2014 年第 1 期。

[3]　背后主要是人工神经网络（artificial neural network）等模型的支撑。

[4]　罗杭、孟庆国：《安理会改革与大国博弈的多智能体模拟》，《世界经济与政治》2013 年第 6 期。

[5]　Jiang Wu，Bin Hu，Jinlong Zhang，and Da Fang，Multi-agent Simulation of Group Behavior in E-Government Policy Decision，*Simulation Modelling Practice and Theory*，2008，16（2）：1571–1587；蒋国银、胡斌、王缓缓：《基于 Agent 和进化博弈的服务商动态联盟协同管理策略研究》，《中国管理科学》2009 年第 2 期；蒋国银、胡斌：《集成博弈和多智能体的人群工作互动行为研究》，《管理科学学报》2011 年第 2 期；罗杭、张毅、孟庆国：《基于多智能体的城市群政策协调建模与仿真》，《中国管理科学》2015 年第 1 期；孟庆国、罗杭：《基于多智能体的城市群政府合作建模与仿真——嵌入并反馈于一个异构性社会网络》，《管理科学学报》2017 年第 3 期。

力学（system dynamics）等多种理论与方法研究了一些一般性的社会系统（群体决策）仿真问题，虽不属于国际关系问题的范畴，但构建的模型和提出的方法仍具有借鉴意义。

多智能体系统（multi-agent system）作为分布式人工智能（distributed artificial intelligence）领域的一个前沿分支，笔者认为它是模拟和研究国际关系（特别是国际组织）系统的一个非常合适的模型框架。所谓智能体（agent），即具有自主性、反应性、理性推理能力和社会协作能力的软件实体（entity），追求自身效用（利益）的最大化。多智能体系统不是多个智能体的简单集合，它需要智能体之间通过相互通信、交换信息产生协作行为，同时还能同周围的环境展开交互（智能体既作用于环境也根据环境调整行为），最终形成各个智能体之间以及多智能体系统与环境之间的相互适应和协同进化。事实上，多智能体系统研究的起源和发展与人工智能领域所遇到的瓶颈有关，当时的人们发现，单体智能无论如何升级、复杂化和精密化，仍然不够"智能化"，无法满足产业和科研的需要，难以完成有一定复杂度和难度的任务，但在多智能体系统中，尽管每个智能体都相对简单，没有那么"智能"或"聪明"，但通过设计智能体及其之间基本的行为互动规则和信息交互模式，一群智能体的协同合作又能演化出"惊人"的群体性智慧。

近些年来，多智能体系统在国际学术前沿得到广泛推广，除自然科学与工程技术领域以外，还已被应用到社会、经济、管理、军事等领域中，模拟人的行为和观念的变化以及合作 / 冲突关系演化等。多智能体系统是典型的分布式（distributed）而非集中式 / "中央式（centralized）"系统，各个智能体（又称"主体"）之间没有"上下级"关系，也没有一个作为"中央"或"权威"的主体控制和管理各个智能体的行为以及智能体之间的互动，而是由多个智能体相互沟通、互动协同，逐渐实现自组织（self-organization）、自适应（self-adaption）、自进化（self-evolution）的过程。而基于现实主义的基本假设，国际体系最大的特征就是没有一个"世界政府"，且每一个国家都是理性的，追求自身权力（利益）的最大化，这与多智能体系统的基本特征非常契合。需要强调的是，尽管多智能体系统是分布式的，但不是"分离式（separated）"的，建立和研究多智能体系统的目的就是把多个智能体有机地组织起来，设计一定的行为互动规则，设置一定的信息通信方式，协调它们之间的行为，使其能够协同合作，完成单个智能体（或多个智能体简单线性相加）所无法完成的复杂任务。① 这又与自由主义强调国际制度和国际组织对国家的整合与协调作用以及国家在国际组织中协同合作应对全球治理的主张"不谋而合"。此外，智能

① 罗杭、孟庆国：《安理会改革与大国博弈的多智能体模拟》，《世界经济与政治》2013 年第 6 期。

体之间通过彼此观察、交换信息而相互影响（包括对观念的影响和行为的影响等），且智能体既作用于环境（智能体的行为能影响环境）也根据环境调整自身行为（受环境影响），可以说智能体与智能体之间、智能体与环境之间是"相互建构"的，这又有了建构主义的色彩。这里的"环境"不仅指物理空间环境，而且指人文社会环境，包括制度规范、社会网络结构等。可见，多智能体系统可以为国际关系（特别是国际组织）研究提供一种与统计等社会科学主流定量研究不同的视角、模型和方法。

面对作为"复杂巨系统"的人类社会，组成社会的人的心理和行为的各种变量时刻处于纷繁变化之中，且往往并非人为可控，因此在缺乏人工智能模型和计算机仿真技术支撑的情况下，主流的社会科学量化研究往往采用统计范式而非自然科学那样的实验范式。社会科学的研究对象是人，国际关系的研究对象主要是国家，因而要么不具备实验的可行性，无法可重复验证，或者实验成本过于高昂，或者违反人性和道德。

如同社会科学的主流量化研究方法是统计而不是自然科学那样的实验的原因一样，对国际组织的决策机制变革和成员构成演变（如现有成员退出和未来新成员加入）所产生的影响的研究，在现实世界中往往是没办法做实验的。① 以在国际舞

----

① 例如，英国不能试着退出欧盟，不行就马上回来，欧盟的成员候选国如土耳其和乌克兰也不能试着加入欧盟，不行就再让它们出去。

台中颇具影响力的国际组织也是最具影响力的区域性国际组织——欧盟（European Union）为例：一方面，欧盟的决策机制不可能轻易地改变，往往需要通过制定条约的形式才能实现（如当前的双重多数制通过《里斯本条约》的达成才得以确立），需要经历漫长的协商、争论和谋求共识的过程，且如果一项新的决策机制在实践中效果不理想，如效率低下、矛盾激化，也不可能轻易地推倒重来，新的改变可能又需要十数年的酝酿、准备和过渡；[①] 另一方面，一个国家要成为欧盟的正式成员国，需要经历漫长的谈判环节，达成一系列繁琐的标准和苛刻的条件，且一旦一个国家已经加入欧盟，即便其成为其他成员国眼中的"害群之马"，如严重违背欧盟的政治制度或财政政策等，欧盟层面也很难将其"踢出"（因为"开除"一个成员国这样的重大、敏感问题需要全体一致，[②] 即每个成员国都有一票否决权，当然也包括要被表决"开除"的对象国）。因此，对欧盟等国际组织的决策机制变革和成员构成演变这类复杂社会科学问题的研究，很难采用自然科学的实验范式在现实世界中进行可重复验证的实验，要么不具备实验的可行性，要

---

① 欧盟的决策机制从主要采用全体一致规则到主要使用有效多数规则经历了长达数十年的波折和反复。

② European Council & Council of the European Union, Unanimity, https://www.consilium.europa.eu/en/council-eu/voting-system/unanimity/，2025 年 1 月 13 日。

么实验成本无法承受（这种成本既包括物质经济成本，也包括伦理道德成本）。因而社会科学的主流方法往往是定性的思辨分析和推理以及基于应用统计学的定量研究。笔者尝试"找回"实验科学的范式，基于人工智能模型和计算机仿真技术（特别是多智能体建模与仿真），在计算机虚拟环境中构建类似于自然科学的实验环境，严格控制变量的"变"与"不变"（ceteris paribus，即除调控所要研究的变量以外，其他所有变量都要保持不变），平行地运行不同的决策机制方案，实验不同的成员扩张方案，以观察其对欧盟成员互动过程和决策结果的长周期影响，对欧盟等国际组织的决策机制设计、扩张方案选择以及发展趋势预测等重要问题提供计算支持和智力支撑。

笔者主要使用欧盟作为案例。欧盟作为最重要的区域性国际组织之一，相比于联合国等其他国际组织，其决策机制更加复杂、精密、多变，① 对国际组织理论在研究方法和模型构建等方面提出了更高的要求，② 为"计算国际组织理论"这一新兴

---

① 如 2004 年生效的《尼斯条约》、2009 年生效的《里斯本条约》，都对欧盟理事会的决策机制进行了重要的改变。参见［法］奥利维耶·科斯塔、娜塔莉·布拉克著：《欧盟是怎么运作的》，潘革平译，社会科学文献出版社2016 年版，第 130—131 页。

② 而且，欧盟作为超国家组织，其重要的决策结果（体现为一系列的条约）对成员国所产生的约束和影响也更加有力和深远，甚至影响到国家主权，远非其他国际组织可以比拟。

交叉领域的探索和拓展提供了机遇。笔者主要基于多智能体建模与仿真技术，并集成了群体决策理论、社会网络模型、[①] 系统动力学等多种理论与方法，构建了一个嵌入于加权、[②] 有向、极性（复杂）网络中的国际组织群体决策系统，以节点代表成员国或有权代表成员国作出决策的决策者（可统称为"成员"），以节点之间的连接代表成员之间的影响关系（在国际组织中，各成员间的相互影响普遍存在，"你希望说服我，我还想游说你"），特别是重点考虑了网络拓扑结构中作为影响关系的连接的权重（weight）的差异性、随机性和动态性，并且设计心理状态变量及系统反馈机制，实现微观决策行为与宏观网络结构之间的双向交互，不仅为国际关系（特别是国际组织）研究尝试了新的视角和方法，而且对一般性的社会系统仿真研究在理论和模型层面也有所推进。

第一，考虑了各成员之间相互影响关系的异质性，构造了

----

① 可以说，群体决策理论的数学基础主要是组合数学（combinatorial mathematics）、网络分析的数学基础是图论（graph theory），它们都与以概率论（probability theory）为数学基础的社会科学定量研究的主流方法社会统计有本质的不同。广义的组合数学就是离散数学，狭义的组合数学是离散数学除图论、代数结构、数理逻辑等的部分。离散数学则是计算机科学的主要数学基础。

② 罗杭、李博轩：《国际结构分析与国家权力测量——基于大数据的网络分析》，《世界经济与政治》2021 年第 6 期。

分配不同成员之间影响关系的权重 ①——包括强度（strength）即绝对值和极性（polarity）即符号——的数学模型：基于国家间权力②的强弱对比，成员国间的影响权重可大、可小；且基于国家在不同"圈子"中的位置，成员国间的影响权重可正、可负。而在前人的模型③ 中，假定成员之间的影响权重的强度都是一样的（即对于任意一个成员且在任一时点，其他各个成员对其施加的影响的强度都是相等的④），这是一种（在当时的计算能力限制下的）过度简化的假设。事实上，现实中不同成员之间施加影响的强度（大小）和极性（正负）往往各异，取决于各国之间权力的"强弱对比"以及各国之间关系的"亲疏远近"等。

第二，考虑了各成员之间相互影响关系的随机性，而在前人的模型⑤中，预先划定了两个对立的联盟且各国的联盟归属始终保持不变（需要注意的是，本书提到的联盟主要指国际组织中的一部分成员国因国家利益和政策偏好的一致性或相似性

---

① 要处理多源性的影响，前提就是区分和确定每一个影响（来源）的权重大小。
② 如综合国力等。
③ 罗杭、孟庆国：《安理会改革与大国博弈的多智能体模拟》，《世界经济与政治》2013 年第 6 期。
④ 即假设时刻处于一个匀质性的完全网络之中。
⑤ 罗杭、孟庆国：《安理会改革与大国博弈的多智能体模拟》，《世界经济与政治》2013 年第 6 期。

而结成的行动联盟，具有非正式性和灵活性，[①] 而非国际关系中的军事联盟等），并假定盟友之间始终是正向的影响（所谓正向影响，即对方越赞同，我也越赞同，对方越反对，我也越反对），而对手之间始终是负向的影响（所谓负向影响，即对方越赞同，我则越反对，对方越反对，我则越赞同）。尽管现实国际政治中各国之间的关系"好坏"确实具有较大的稳定性，但仍不能完全排除短期内的频繁更替和急剧变化。[②] 特别是对于欧盟这样的区域一体化组织，很难像在联合国安理会等政治类国际组织中那样将成员国之间"决然"地区分为盟友和对手。笔者引入"关系圈"概念，依据两两成员国之间的"关系圈"站位，基于概率分布，设置了一种对影响关系的极性进行赋值的规则（假设同一个"圈子"内的成员之间的影响关系相比更易为正，但也可能为负，而不同"圈子"的成员之间的影响关系相比更易为负，但也可能为正 [③]），以一定的概率随机性地分配成员之间影响关系的极性，更好地模拟现实国际关系中复

[①] 成员国在国际组织中建立联盟往往是为了促成自己支持的提案通过和阻击自己反对的提案通过，而单凭"一己之力"（自己手上的票）可能是不够的，因此需要游说、结盟，相互支持。

[②] 罗杭、孟庆国：《安理会改革与大国博弈的多智能体模拟》，《世界经济与政治》2013 年第 6 期。

[③] 而且，一般来说，同一个"圈子"内的成员之间影响权重为正的概率大于为负的概率，而不同"圈子"的成员之间影响权重为负的概率大于为正的概率。

杂多变的双边关系，特别是并存的规律性和随机性。

第三，更全面地考虑各成员之间相互影响关系的动态性，基于系统动力学的反馈（feedback）机制建立微观决策行为和宏观网络结构之间的双向交互：微观层面的主体行为"嵌入（em-beddedness）"于其所处的宏观社会网络结构之中（并受其制约或影响），而微观主体间行为互动又可能"涌现（emergence）"① 出宏观层面新的结构特征和规律。具体操作方面，不仅借鉴了个体（individual or personal）层面的期望心理状态，即当一个决策者所期望的（群体）决策结果和实际的（群体）决策结果长期不匹配时，会造成心理上的"不满意"感，从而调整在下一期与其他成员之间的互动影响关系（如降低与"对手"的对抗性），② 以求"改变现状"；而且使用了人际（interpersonal）层面的比较心理状态，即一个决策者不仅会衡量其自身的期望实现状态，还会将其自身的期望实现状态和其他成员（特别是"盟友"）的期望实现状态进行对比，如果前者明显低于后者，则会造成心理上的"不平衡"感，也可能采取相应的行动，调整

---

① "涌现"是复杂性科学（complexity science）的专业术语，也是复杂系统最本质的特征，一个没有涌现现象的系统恐怕是不能被称为"复杂系统"的。涌现可理解为小实体（子系统）相互作用后产生了大实体（系统），而这个大实体展现出了组成它的每一个小实体都不具有的功能和特性。

② 罗杭、孟庆国：《安理会改革与大国博弈的多智能体模拟》，《世界经济与政治》2013 年第 6 期。

在下一期互动中受自身影响或受其他成员影响的权重分配（如会更多地考虑自己而不是"盟友"的感受），以求"心理平衡"。从心理学和行为学的角度出发，更好地模拟一个成员国的决策者在"完全理性（perfect rationality）"之外的复杂心理特征和行为机理，特别是一些"情感性"因素。基于心理反馈机制的作用，在特定的条件下，正向影响可能转变为负，负向影响也可能变更为正（即"反目成仇"、"化敌为友"等，这在现实中并不罕见，有考虑的必要）。

此外，笔者还使用了概率分布以表达各成员的投票偏好（preference），从而在投票偏好给定的情况下，各成员的投票选择（choice）也会呈现出一定的随机性，因而不仅考虑了宏观层面社会网络结构的"变数"，也考虑了微观层面主体决策行为的"变数"，更好地呈现现实世界中决策者的"有限理性（bounded rationality）"乃至"非理性（irrationality）"因素（人的观念、偏好及行为在不同的时空、环境和条件下往往不是完全统一、连续不变的①）。

总体而言，本书不仅以人工智能模型和计算机仿真技术（特别是多智能体建模与模拟实验的方法）探究复杂（加权、有向和极性）网络视阈下的国际组织决策问题，是对"计算国

---

① 例如，当前的自己也未必能理解过去的自己所作出的一些决策。

际组织理论”这一前沿交叉领域研究的系统示范和探索拓展，并且对一般性的社会系统仿真研究在模型和方法上有一定借鉴意义，建立了微观主体间行为互动与宏观社会网络结构演化之间的双向反馈和动态交互。

第二章

国际组织决策：
计算国际组织理论的一个"切入点"

国际组织的正式决策机制主要是投票，① 而投票必然涉及

---

① 一种观点（一些学者）认为，国际组织在很多场合下没有采用投票的方式
作决策，所以投票对于国际组织而言可能没有那么重要。国际组织在很多
场合下不投票虽是事实，但不投票，绝不代表决策（投票）机制的设计不
重要。当明显没有哪个成员反对，或者几乎所有成员都不赞成时，确实没
有必要"机械式地"走投票程序。例如，联合国大会的提案，如果没有哪
个成员国明确表示反对或要求投票表决，是可以不经投票而通过的。又如，
1958—1972 年的欧洲共同体（欧共体），其 6 个创始成员国的票数分配为法
国、德国和意大利各 4 票、荷兰和比利时各 2 票、卢森堡 1 票；因为投票规
则要求总票数 17 票的 2/3 即 12 票为赞成票方可通过一项提案，而除卢森堡
以外其他五国的票数都是 2 或 2 的倍数，这就导致卢森堡的 1 票成了"废票"

计票，计票又其实是一个计算问题，且有其计算复杂性（computational complexity），① 特别是当成员国数量较多，且票数各异（而非"一国一票"）以及采用复式而非单一的决策规则（根据不同领域和重要性的议题采用"松紧各异"的决策规则 ②）时，这种复杂性尤其明显。各成员国之间投票权如何分配，组织采用的决策规则如何设计，对决策过程和结果的影响有其复杂机制。

——没有任何一个原本无法获胜的投票联盟会因为卢森堡的加入而变成可以获胜。具体而言，当其他五国的赞成票是 10 票及以下时，卢森堡的加入是"于事无补"，仍不能使表决通过；而当其他五国的赞成票是 12 票及以上时，已够有效多数，卢森堡的加入则"显得多余"。因此，各个成员国在努力促成自己倡议或支持的提案获得通过而积极游说其他成员以图获得其选票支持时，没有谁会想到卢森堡。在这种情况下，其实就没有必要让卢森堡一遍又一遍地投票，一遍又一遍地感受自己的票是"废票"。事实上，即便不投票，每个成员对自己手上有几票，其他成员手上各有几票，要凑够多少票才够有效多数、能使表决通过，都是"门儿清"的。参见罗杭：《国际组织的决策机制设计》，《中国社会科学报》2024 年 9 月 12 日。

① 计算复杂性是计算机科学的一个专业术语，也是理论计算机的主要研究对象。计算复杂性又可分为时间复杂性和空间复杂性，时间复杂性指计算需要的时间要多长，空间复杂性指计算过程中的中间结果需要的存储空间要多大。

② 有的决策规则要求的有效多数比例（即表决通过所需要的赞成票占总票数的比例）较高，有的决策规则要求的有效多数比例较低，有的决策规则要求单一多数，有的决策规则要求双重乃至多重多数（如不仅要求投赞成票的成员数达到特定比例，而且要求赞成的成员拥有的票数达到特定比例）。

一、决策机制：国际组织制度体系的核心

从国际组织的发展历史来看，无论是对国际联盟的"一国一票"和全体一致规则的反思，还是对美国为维持"一票否决权"而抬高世界银行决策规则要求的有效多数比例 ① 的批评，都反映出国际组织的决策机制设计是其成员国尤其是核心成员国之间谈判博弈和利益争夺的焦点。究其原因，决策机制作为国际组织制度体系的核心，不仅事关各成员之间的权力分配，而且是国际组织实现政策合法性和保障治理效力的基础。② 重要的国际公共政策方案需要经过群体决策（特别是投票表决）的程序，达到有效多数，才能成为决议获得合法性，并得以实施。因此，决策机制直接影响到国际组织的工作效率和职能履行以及国际组织是否可以为全球治理发挥建设性的作用。③ 总

---

① 《国际复兴开发银行协定》对修改协定要求的赞成票比例本来是80%，后提高到85%，因为美国的投票权重从20%以上下降到了15%以上。参见 World Bank Group, IBRD Articles of Agreement, http://www.worldbank.org/en/about/articles-of-agreement/ibrd-articles-of-agreement，2025年3月5日。

② 罗杭、杨黎泽：《国际组织中的投票权与投票权力——以亚洲基础设施投资银行为例》，《世界经济与政治》2018年第2期。

③ 罗杭、杨黎泽：《国际组织中的权力均衡与决策效率——以金砖国家新开发银行和应急储备安排为例》，《世界经济与政治》2019年第2期。

是无法在关键问题上达成决议、采取行动的国际组织,其在全球治理中的作用必然"大打折扣",长此以往甚至影响到组织本身的合法性和存在意义。①

如前文所述,投票是国际组织的正式决策机制和主要决策机制。一般而言,越是重要的、敏感的议题,国际组织越要采用投票的方式进行决策。② 以投票为代表的决策机制,主要包括投票权分配和决策(投票)规则设计两个构成要素。前者指给各个成员分别分配多少票数,后者通常指设置表决通过所需要的赞成票占总票数的比例即有效多数比例。投票权分配与决策规则设计不仅事关各成员个体在组织中的话语权和影响力,而且影响到重要的国际公共政策和全球治理方案能否通过表决得以实施(因为在相同的成员构成及其政策偏好分布下,各成员投票权分配的不同格局,以及决策规则所要求的有效多数比例的高低变化,都可能导致截然不同的决策结果),从而事关国际组织整体的职能施展、目标实现和发展前景。③ 值得强调的是,除了偏静态的决策机制,国际组织的动态决策过程,包括成员间的互动博弈,以及群体决策的结果,也应是国际组织

---

① 一个典型案例即是国际联盟,全体一致规则的采用导致极低的决策效率,且未能阻止世界大战的爆发。

② 而不能"暗箱操作"。

③ 罗杭、杨黎泽:《国际组织中的权力均衡与决策效率——以金砖国家新开发银行和应急储备安排为例》,《世界经济与政治》2019 年第 2 期。

研究的重点，而对多主体（行为体）互动的模拟正是多智能体建模与仿真的"专长"。①

　　欧盟的决策机制当然也是欧盟制度体系的核心。欧盟一系列重要的条约草案（如《欧盟宪法条约》）争议不断②的一个焦点就是应该为欧盟设计一套怎样的决策机制，因为这直接关乎各成员国在欧盟中的投票权与话语权（因而是比拼国家实力、彰显国家意志和争夺国家利益的重要场域），并影响欧盟未来的发展方向和欧洲一体化前景。③ 在欧洲一体化进程中，欧盟决策机制的设计是至关重要的。④ 一个科学合理、富

---

① 罗杭、孟庆国：《安理会改革与大国博弈的多智能体模拟》，《世界经济与政治》2013 年第 6 期。

② 甚至最终"搁浅"。

③ 在第二次世界大战结束后，欧洲的一批有识之士面对西欧诸国国际地位"一落千丈"、在美苏两大国夹缝中"艰难生存"的窘境，为了应对国际竞争与挑战，也为了避免新的战争与冲突，呼吁建立欧共体，认为只有最终实现欧洲的统一，才能重现昔日的辉煌，才能获得欧洲持久的和平。参见罗杭：《"适度的分裂"：重释欧洲兴起、亚洲衰落与复兴》，《世界经济与政治》2016 年第 10 期。欧盟（欧共体）自诞生以来，所实现的区域一体化无论在规模还是强度上都是前所未有的。参见 [法] 奥利维耶·科斯塔、娜塔莉·布拉克著：《欧盟是怎么运作的》，潘革平译，社会科学文献出版社 2016 年版，第 1 页。可以说，其他区域性国际组织都难望欧盟的项背。但不能否认的是，近年来欧洲一体化进程也遭遇了困难和挫折，似乎失去了计划和方向。参见 [法] 奥利维耶·科斯塔、娜塔莉·布拉克著：《欧盟是怎么运作的》，潘革平译，社会科学文献出版社 2016 年版，第 2 页。

④ 事实上，欧洲一体化在制度上的体现，其实就是一系列推进一体化的重要议案（特别是条约草案，如《罗马条约》《马斯特里赫特条约》《里斯本条约》等）能够顺利通过投票表决并得以实施的过程。

有创意的决策机制，对整合众多主权国家的意志和利益、化解各成员国之间的分歧和矛盾、制定一体化政策、推进一体化进程（包括化解欧盟可能存在的"分裂"和"瓦解"的潜在风险）都将发挥举足轻重的作用；而一个分散制衡的决策机制也可能存在着内耗不断、矛盾激化、效率低下、民主赤字等风险。① 研究欧盟的决策机制，有助于我们深入理解欧洲一体化的发展历程和未来趋势，特别是现有困境和潜在风险（如英国退出欧盟，② 希腊和意大利都曾"威胁"退出欧元区等③），也可以为其他区域一体化组织提供借鉴，以及启示一般性的国际组织研究。

---

① 朱仁显、唐哲文：《欧盟决策机制与欧洲一体化》，《厦门大学学报（哲学社会科学版）》2002 年第 6 期。

② 国内外学者从历史、文化、政治、经济等多个方面对欧洲一体化问题做了有益的探讨，但对欧盟决策机制的特点及其对欧洲一体化进程的影响却相对少有系统的论述，特别是缺乏量化的研究。参见 Kenneth A. Armstrong, *Brexit Time：Leaving the EU-Why，How and When?* Cambridge：Cambridge University Press，2017；Tim Oliver，*Understanding Brexit：A Concise Introduction*，Bristol：Policy Press，2018；[法] 奥利维耶·科斯塔、娜塔莉·布拉克著：《欧盟是怎么运作的》，潘革平译，社会科学文献出版社 2016 年版；[美] 托尼·朱特著：《论欧洲》，王晨译，中信出版社 2015 年版；[英] 约翰·平德著：《欧盟概览》，戴炳然译，外语教学与研究出版社 2015 年版；蒙克：《技能专有性、福利国家和欧洲一体化——脱欧的政治经济学》，《世界经济与政治》2016 年第 9 期；王朔、李超：《当前欧洲一体化面临的困境及未来走势》，《现代国际关系》2016 年第 3 期。

③ 新华网：《"失去"希腊 欧洲会怎样》，http://www.xinhuanet.com/world/2015-07/02/c_127976549.htm，2025 年 1 月 25 日；环球网：《杨凡欣：意大利公投失败或掀开欧元区解体序幕》，https://opinion.huanqiu.com/article/9CaKrnJZ0vB，2025 年 1 月 14 日。

二、作为复杂适应系统的国际组织决策

需要强调的是，国际组织决策作为一个多主体互动的群体决策过程，是一个异质构成、①多期互动、动态演变、自我调适的典型性复杂适应系统（complex adaptive system），②由多个具有独立主权权力和各自利益诉求的国家行为主体组成，即各个成员具有独立的决策权（自主权），③且基于不同的经济社会发展水平和民族历史文化背景，往往具有各不相同乃至彼此矛盾的政策主张和偏好。④在欧盟中，东欧国家

---

① 表现为各成员国权力大小不一，政治、经济和文化等方面的特征各异。

② ［美］约翰·米勒、斯科特·佩奇著：《复杂适应系统：社会生活计算模型导论》，隆云滔译，上海人民出版社 2012 年版。

③ 罗杭、孟庆国：《安理会改革与大国博弈的多智能体模拟》，《世界经济与政治》2013 年第 6 期。独立的决策权并不妨碍成员之间的相互游说和影响，但最终投什么票，是由成员国自己说了算，不能被强迫投票、阻挠投票以及被篡改选票。具有自主性也是多智能体系统中的每一个智能体应该具备的基本条件和特征。

④ 罗杭、孟庆国：《安理会改革与大国博弈的多智能体模拟》，《世界经济与政治》2013 年第 6 期。以欧盟为例，当面对影响欧洲一体化进程和事关国家主权和国家利益的一系列政策提案（特别是重要的条约草案）的表决时，各成员国所持的偏好和态度往往彼此各异，有的倾向于支持、有的倾向于反对，当然，也有的没有明确的偏好，倾向于弃权。

的经济发展水平和社会福利条件一般落后于西欧国家，前者往往比后者更希望实现欧盟内部人员的自由流动；① 曾经作为欧盟成员国的英国与欧洲大陆国家的历史文化背景和欧洲身份认同也差异明显，前者往往比后者更难以接受欧洲一体化的深入。② 欧盟作为一个超国家机构，其决策结果直接关乎各成员国的国家主权和国家利益，因此，各成员往往不会在"相互隔绝"的环境下"不受任何干扰地"作出决策，而是（在相互沟通、交换信息的基础上）不断互动、反复博弈、相互游说，都希望能影响并说服对方，使对方支持自己的政策主张，以实现自己期望的决策结果，在"你希望影响我，当然我也希望影响你"的互动过程中，逐渐实现成员国与成员国之间、成员国与欧盟机构之间的协同效应，以及欧盟整体与欧洲一体化进程和国际（区域）共同问题治理（目标）③ 之间的相互适应。④

---

① 东欧国家的公民可能希望更加自由、方便地进入西欧国家工作和生活，获得更高的工资待遇和更好的福利保障。
② 例如，一部分英国人不认为自己是欧洲人，当他们提到欧洲时可能指的是欧洲大陆。
③ 如难民问题，包括是否在成员国之间强制性地分摊难民接收名额、边境管控和遣返难民等问题曾在欧盟成员国之间引起激烈的争论，甚至成为英国退出欧盟的导火索之一。
④ 罗杭、孟庆国：《安理会改革与大国博弈的多智能体模拟》，《世界经济与政治》2013 年第 6 期。

欧盟作为一个复杂群体决策系统，各成员之间的博弈互动和相互影响往往不是匀质性（均等化）的，因为各成员之间在国家利益、经济发展、民族文化、历史传统等各方面的异同，特别是对欧盟未来发展方向和欧洲一体化进程的不同立场和政策主张，使得不同国家之间存在双边关系上的"亲疏远近"，表现为相互之间互动影响的程度（强度）和方式（方向）不尽相同。一方面，关系较"亲近"的成员之间的影响方式更容易是正向的（如"盟友"越支持的议案，我也越支持，"盟友"越反对的议案，我也越反对），而关系较"疏远"的成员之间的影响方式更容易是负向的（如"对手"越支持的议案，我就越反对，"对手"越反对的议案，我就越支持）。另一方面，国家之间实力的对比自然也会影响一个成员对另一个成员施加影响的程度大小，大国施加的影响程度往往更强，而小国施加的影响程度往往更弱（如马耳他、塞浦路斯等小国在欧盟中所能施加的影响当然不能同法国、德国等欧盟"领袖"同日而语）；而且，小国相对更容易被"说动"，而大国相对不容易"动摇"（如说服法、德这样的大国改变原本的立场或直接向其"买票"的难度和成本恐怕远大于小国）。

因此，如果从社会网络分析（social network analysis）的角度理解欧盟成员之间的互动影响关系，即用网络中的节点

（node/vertex/agent①）代表成员，并用节点与节点之间的连接（link/tie/edge，通常又称为"边"）代表成员之间的影响关系，那么欧盟各成员之间的相互影响关系所构成的网络绝不是一个无权（unweighted）、② 无向（undirected）、③ 无极性（unsigned）④ 的简单网络（simple network），而是一个加权（weighted）、⑤ 有向（directed）、⑥ 有极性（signed）⑦ 的复杂网络（complex network），而且不是一个规则网络（regular network），而是一个随机网络（random network），表现为两两节点之间连接的强度和极性往往各不相同且并不固定，即成员之间相互影响的强弱程

---

① 人工智能特别是多智能体领域的学者也会使用"agent"来指代节点，因为网络模型常被用来表达多智能体系统中各个智能体之间的关系，那么网络中的一个节点即是一个智能体。参见 Umberto Grandi，Hang Luo，Nicolas Maudet，and Francesca Rossi，Aggregating CP-nets with Unfeasible Outcomes，*20th International Conference on Principles and Practice of Constraint Programming*，Lyon，France，2014，*Lecture Notes in Computer Science*，8656：366–381。

② 所谓无权网，即仅考虑节点之间有连接还是无连接，而不考虑节点之间连接的强弱和"粗细"，数学上即边的权重（绝对值）大小。

③ 所谓加权网，其最本质的特征即要考虑节点之间连接的权重大小。

④ 所谓无向网，即仅考虑节点之间有连接还是无连接，而不考虑节点之间连接的方向，图形表达上即连接没有箭头。

⑤ 所谓有向网，即要考虑节点之间连接的方向，图形表达上即连接带有箭头。

⑥ 所谓无极性网络，即仅考虑节点之间有连接还是无连接，而不考虑节点之间连接的极性（polarity）或符号（sign），即不区分正边和负边。

⑦ 所谓极性网络，即要考虑节点之间连接的极性，可正亦可负。

度和正负方式存在差异，且两个成员之间的影响关系遵循特定的概率分布可强可弱、可正可负，两个成员对彼此的影响亦不对称（因为一个大国对一个小国施加的影响往往大于小国对大国的影响）。需要指出的是，成员之间按一定的概率存在相互影响即建立了网络连接，在特定的时点，有些成员之间建立了连接，而有些成员之间没有建立连接。毕竟，不是所有的成员在所有的时点（"无时无刻"）都在交换信息、交流沟通。因此，欧盟各成员之间的相互影响关系所构成的网络也应该是一个非完全图（incomplete graph）而不是完全图（complete graph，完全图即网络中任意两个节点之间都相互连接，图论是网络分析的数学基础，从图论的角度看，网络即是图）。

基于复杂适应系统理论，宏观系统的整体行为和结构特征通过微观个体之间的局部交互而涌现出来，并往往呈现出非线性、不确定性、多态均衡①等复杂性特征。②欧盟的群体决策并不是所有成员相互独立的决策行为的一个简单线性相加的过

① 多态均衡（polymorphic equilibrium）指在复杂适应系统或动态系统中可能存在多个不同的稳定状态或均衡状态，这些状态之间可以相互转化，且每个状态都可能成为系统的最终状态。一个细微的差别可能就会影响系统最终走向哪种状态，即常说的"蝴蝶效应（butterfly effect）"。多态均衡的特性包括不确定性、不唯一性和不可预测性等。

② 罗杭、孟庆国：《安理会改革与大国博弈的多智能体模拟》，《世界经济与政治》2013 年第 6 期。

程，而是充满了各成员之间异质性、长周期、多轮次的局部
交互（"你希望影响我，我也想影响你"，且影响的程度和方式
各不相同），且各成员为了更好地实现目标会不断进行各种心
理、行为和策略上的调节和应对，满足复杂适应系统（包括复
杂网络）的典型特征——微观主体的相互作用生成宏观层面的
结构特征、复杂性现象和规律。因此，原有关于欧盟决策机制
的定性思辨研究[①]和偏静态、线性的定量研究[②]往往难以有效
剖析和呈现这一复杂决策系统的动态机理、演变过程和内在规
律。因此，有必要借鉴人工智能模型和计算机仿真技术特别
是多智能体建模与仿真方法，并集成群体决策理论、社会网
络模型、系统动力学等理论和技术，从一种超脱还原论（non-

---

① 朱仁显、唐哲文：《欧盟决策机制与欧洲一体化》，《厦门大学学报（哲学社
　会科学版）》2002 年第 6 期；邢瑞磊：《比较视野下的欧盟政策制定与决策：
　理论与模式》，《欧洲研究》2014 年第 1 期；张磊：《欧盟共同决策程序的变
　革——以"三方会谈"为例》，《欧洲研究》2013 年第 2 期；方国学：《欧盟
　的决策机制：机构、权限与程序》，《中国行政管理》2008 年第 2 期。

② Madeleine O. Hosli, Admission of European Free Trade Association States to the
　European Community: Effects on Voting Power in the European Community Coun-
　cil of Ministers, *International Organization*, 1993, 47 (4): 629–643; Madeleine
　O. Hosli, The Balance between Small and Large: Effects of a Double–Majority
　System on Voting, *International Studies Quarterly*, 1995, 39 (3): 351–370; Fuad
　Aleskerov, Gamze Avci, Viatcheslav Iakouba, and Z. Umut Türem, European
　Union Enlargement: Power Distribution Implications of the New Institutional Arrange-
　ments, *European Journal of Political Research*, 2002, 41 (3): 379–394.

reductionist）的、①自底向上（bottom-up）的、微观互动到宏观涌现的视角，动态地模拟欧盟成员多期互动、相互影响、调节适应的演化过程及群体决策结果并进行可视化，并且，收集多次重复实验组成的样本数据，即在计算机模拟实验的基础上辅之以统计分析，②以提炼欧盟决策系统在演化中的现象和涌现出的规律，特别是探讨欧盟决策机制的变革和成员规模的扩张的影响。

---

① 因为复杂系统中"涌现"的存在，我们即便搞清楚了构成系统（整体）的每一个子系统（部分）的原理，依旧无法理解整个系统的规律和特征。

② 罗杭、孟庆国：《安理会改革与大国博弈的多智能体模拟》，《世界经济与政治》2013 年第 6 期。

第三章
国际组织决策系统的模型构建

　　本书采用从系统运行机理分析、到概念模型、再到数学模型、最后到计算机模型的完整建模过程，[①] 建立一个嵌入于复杂网络的国际组织决策的多智能体模拟系统，并将以欧盟为例，展开实验与分析。需要强调的是，所构建的模型并不是只能用于研究欧盟，经过一定的调整和修改，亦能运用于其他国际组织的研究。

[①] 罗杭、孟庆国：《安理会改革与大国博弈的多智能体模拟》，《世界经济与政治》2013 年第 6 期。

一、系统运行机理分析

在建立模型之前，我们首先应当能够用文字（"大白话"）讲清楚所要研究和建模的系统的运行机理，本书聚焦国际组织的群体决策系统。

以欧盟为例，欧盟的决策制度设计比较复杂、精密。欧盟由欧洲理事会（the European Council）、[1] 欧盟理事会（the Council of the European Union）、欧盟委员会（the European Commission）、欧洲议会（the European Parliament）、欧洲法院（the Court of Justice of the European Union）等机构组成。[2] 其中，欧盟理

---

[1] 欧洲理事会，又称欧盟首脑会议或欧盟峰会，于 1974 年在法国时任总统吉斯卡尔·德斯坦（Giscard d'Estaing）的提议下成立。欧洲理事会由欧盟成员国国家元首或政府首脑及欧洲理事会主席、欧盟委员会主席组成，是欧盟主要政治决定的中心论坛，为欧盟确定指导方针和方向。但从本质上讲，欧洲理事会并不是欧盟的决策机构，而更像是欧盟的一个领导人论坛，因为欧洲理事会并不直接制定政策和立法，这是欧盟理事会的职能。参见朱仁显、唐哲文：《欧盟决策机制与欧洲一体化》，《厦门大学学报（哲学社会科学版）》2002 年第 6 期；曹建明：《欧洲联盟法》，浙江人民出版社 2000 年版，第 48 页。

[2] European Union，Types of institutions and bodies，https://european-union.europa.eu/institutions-law-budget/institutions-and-bodies/types-institutions-and-bodies_en，2024 年 12 月 20 日。

事会作为欧盟主要的政府间机构，长期以来是欧盟决策的"中枢"，拥有主要的决策权；而欧盟委员会和欧洲议会作为欧盟的超国家机构，在特定的领域，前者拥有提案权，后者拥有同意权和部分否决权，也不同程度地参与决策。① 自 1957 年签署的《罗马条约》（Treaty of Rome）② 起，就明确规定了欧盟理事会③ 在欧盟决策中的中心地位，拥有欧盟绝大部分的决策和立法权，④ 是制定政策的主要平台，"是欧洲一体化的发动机"。⑤ 欧盟理事会又称"部长理事会（Council of Ministers）",⑥ 即由各

---

① 欧盟理事会可以要求欧盟委员会就特定问题开展调查研究，提出方案建议（提案），交由欧盟理事会作出决定。参见朱仁显、唐哲文：《欧盟决策机制与欧洲一体化》,《厦门大学学报（哲学社会科学版）》2002 年第 6 期。《里斯本条约》之后，欧盟决策的一般流程是欧盟委员会提出议案，欧盟理事会与欧洲议会共同决策，再由欧盟委员会负责执行。

② 1957 年 3 月 25 日，在欧洲煤钢共同体的基础上，法国、联邦德国、意大利、荷兰、比利时和卢森堡 6 个国家的政府首脑和外长在罗马签署《欧洲经济共同体条约》和《欧洲原子能共同体条约》，后人将这两个条约合称为《罗马条约》。

③ 包括前期的欧共体理事会。

④ 朱仁显、唐哲文：《欧盟决策机制与欧洲一体化》,《厦门大学学报（哲学社会科学版）》2002 年第 6 期；[英] 弗兰西斯·斯奈德著：《欧洲联盟法概论》，宋英译，北京大学出版社 1996 年版，第 33 页。

⑤ [法] 奥利维耶·科斯塔、娜塔莉·布拉克著：《欧盟是怎么运作的》，潘革平译，社会科学文献出版社 2016 年版，第 112 页。

⑥ 强调"部长"，一个原因是为了把它和由国家元首或政府首脑参与的欧洲理事会区分开来。

成员国部长级代表组成，① 主要负责协调各成员国的政策，② 制定欧盟的政策和法律法规；当欧盟理事会形成决议后，授权欧盟委员会具体执行。③ 此外，欧盟理事会还下设秘书处、常设代表委员会、工作小组与专门委员会等，处理日常的政策事务。④

面对27个⑤成员国在国家利益和对欧洲一体化认知上的差异和矛盾，为作为欧盟主要决策机构的欧盟理事会设计一个科学合理、公正高效的决策机制是至关重要的。理想状态下，欧盟理事会应当能够在群体决策过程中有效地化解各方矛盾、协调各方利益、达成共识，确保重要政策的顺利通过和有效实施，稳步推进欧洲一体化进程。当前，根据议题的领域、重要性和敏感程度，欧盟理事会主要采用三种不同的决策机制：简单多数（simple majority）、有效多数（qualified majority）、全体

---

① 每次参会的代表并不是固定的，而是由各国政府根据会议所讨论事项的领域委派政府中相应的成员与会。欧盟理事会通常分为总务理事会和专门理事会，前者由各国外长参加，后者由各国其他专业领域部长参加，如财经议题委派财政部长或央行行长参加等。参见朱仁显、唐哲文：《欧盟决策机制与欧洲一体化》，《厦门大学学报（哲学社会科学版）》2002年第6期。

② 如欧盟理事会有权协调各成员国的宏观经济政策。

③ 欧盟理事会可以对欧盟委员会如何行使其授权提出要求，也可以保留直接行使那些已授予欧盟委员会的权力。参见朱仁显、唐哲文：《欧盟决策机制与欧洲一体化》，《厦门大学学报（哲学社会科学版）》2002年第6期。

④ 朱仁显、唐哲文：《欧盟决策机制与欧洲一体化》，《厦门大学学报（哲学社会科学版）》2002年第6期。

⑤ 英国退出欧盟前是28个。

一致（unanimity）。① 作为欧盟主要的立法机构，欧盟理事会自诞生时起，就倾向于尽可能地采用全体一致的决策机制，确保不"牺牲"任何一个成员国的利益，并保障达成的决议可以在没有任何阻力的情况下顺利推进和实施。但是，全体一致意味着每个成员国都拥有了一票否决权，即可以以"少数阻挡多数"，特别是随着欧盟的不断扩张和成员国数量的持续增加，实现全体一致变得越来越困难，使得欧盟的职能时而陷于"停滞"，阻碍了欧洲经济与政治一体化的进程。在这一大背景下，"少数服从多数"的有效多数制逐渐发展成为欧盟理事会的主要决策机制。近几十年来，通过一系列的条约，欧盟将越来越多的议题领域划归到以有效多数制表决的范围，以简化决策过程，提高决策效率；司法、内政等相对敏感的一些领域也逐渐开始以有效多数制表决，各成员国不再能一票否决；但在外交、国防、税收和社会保障等事关成员国主权、特别敏感的领域，仍主要采用全体一致规则。② 根据 2007 年签署的《里斯本条约》（Treaty of Lisbon）的规定，目前欧盟

---

① European Council & Council of the European Union，Voting system，https://www.consilium.europa.eu/en/council-eu/voting-system/，2025 年 1 月 24 日。欧盟理事会对一般的议案可以采取讨论通过（特别是当没有哪个成员明确表示反对时），但对那些比较重要、敏感、分歧大的问题则必须实行投票表决。

② [法] 奥利维耶·科斯塔、娜塔莉·布拉克著：《欧盟是怎么运作的》，潘革平译，社会科学文献出版社 2016 年版，第 128—129 页。

采用的有效多数制的具体要求为：55% 的成员国赞成，且投赞成票的成员国的人口数达到欧盟总人口的 65%，即国家数（55%）＋人口数（65%）的"双重多数规则（double majority rule）"。[①]

二、概念模型：因果关系图设计

概念模型涉及我们所要研究的系统及其运行机制的相关核心概念，并试图建立这些概念之间的因果关系，即因果关系图设计。

本书呈现了一个国际组织决策过程的因果关系图，如图 1 所示，并以欧盟理事会为例作细节性说明。国际组织决策作为一个各成员国决策者相互影响、协同进化的多期互动博弈过程，假定各成员在投票时主要有三方面的考虑：（1）自身的初始偏好（可表达为对特定议案的一组投票概率的集合：$P_{投票} = \{P_{赞成}, P_{弃权}, P_{反对}\}$，分别代表投赞成票、弃权和

① European Council & Council of the European Union，Qualified majority，https://www.consilium.europa.eu/en/council-eu/voting-system/qualified-majority/，2025 年 1 月 16 日。该规则自 2014 年开始实施，到 2017 年之前的 3 年为过渡期。

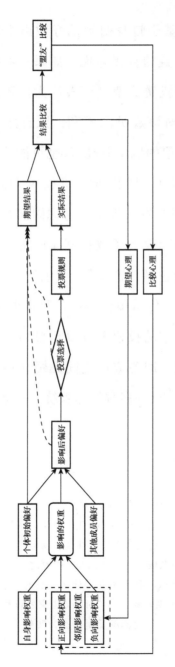

图 1 国际组织群体决策过程的因果关系图

资料来源：重制自罗杭：《国际组织决策的智能体计算实验——以欧盟成员构成演变与决策机制变革为例》，《世界经济与政治》2020 年第 7 期，第 128 页。

投反对票的概率），基于自身初始偏好做出投票选择，是各成员追求自身国家利益的直接体现，如果一项提案对该成员国有利，自然倾向于投赞成票（可表达为投赞成票的概率更高），如果该项提案对该成员国不利，则自然倾向于投反对票（可表达为投反对票的概率更高），也可能该项提案不明显触及自身的国家利益，则可能倾向于弃权①（可表达为弃权的概率更高）；（2）各成员在决策中的考虑因素并不仅限于自身的偏好，作为一个国际政治场域和群体决策过程，往往还需要考虑其他成员（既包括"盟友"，也包括"对手"）的立场和偏好，各成员之间"你希望说服我，我也想说服你"，都希望能影响对方，让对方的投票偏好以至投票行为向自己所期望的结果倾斜、转变，即各成员之间无疑存在着投票偏好及选择之间的相互影响②（在多智能体系统、社会网络和元胞自

---

① 也避免了直接"得罪"赞成和反对的两方。

② 如前文所述，这种影响可大、可小且可正、可负。例如，法国、德国等欧盟"领袖"所施加的影响往往较大，马耳他、塞浦路斯等小国所施加的影响往往较小。而且，关系较亲近的"盟友"国家之间的影响往往为正（即我的"盟友"越支持什么，我也越支持什么，我的"盟友"越反对什么，我也越反对什么），而关系较疏远的"对手"国家之间的影响往往为负（即我的"对手"越支持什么，我就越反对什么，我的"对手"越反对什么，我就越支持什么）。

动机 ① 等模型中，可以对自身施加影响的其他主体通常称为
"邻居"，"邻居"的概念非常重要），考虑其他成员的偏好做
出投票选择，是各成员"嵌入（embedded in）"于国际关系结
构，并依托于自身所处的结构追求国家利益的体现；（3）当各
成员既考虑自身的初始偏好，也受到其他多个成员的偏好的影
响时，如何集成出最终的 / 受影响后的偏好？并基于最终偏好
做出投票选择？这实际上是一个群体决策中偏好的"多源影响
（multiple sources of influence）" ② 问题，如何确定这种多源影响

---

① 元胞自动机（cellular automata）模型由众多元胞组成，假定时间、空间和元
　　胞的状态都是离散的。形象的理解，一维的元胞自动机就如同一个分段的
　　条带，每一段代表一个元胞；二维的元胞自动机就如同一个国际象棋盘，每
　　一个格子代表一个元胞；三维的元胞自动机就如同一个魔方，每一个方块代
　　表一个元胞；理论上也还有四维甚至更多维的元胞自动机。元胞自动机模型
　　的基本特征是：每一个元胞的位置是固定不变的，且每一个元胞在 t 时刻的
　　状态都会受到该元胞自己在 $t-1$ 时刻的状态和其周围的元胞（在地理空间上
　　"接壤"的元胞）即"邻居（neighbor）"在 $t-1$ 时刻的状态的影响。元胞自动
　　机模型和多智能体系统可以同时使用，此时一个元胞就是一个智能体。不
　　过，随着无线网络技术和移动通讯技术的迅猛发展，人与人（包括各国政治
　　家、外交官）之间的交流越发突破了地理空间的限制，决定人们之间是否交
　　流沟通的因素越来越不是距离上的远近，而是交互的意愿和关系的亲疏，因
　　此，社会网络模型越来越多地与多智能体系统结合起来。例如，曾经人们通
　　常只能和自己的左邻右舍频繁交流，但如今哪怕两个人相隔万里、远跨重
　　洋，只要他们愿意交流，也能借助微信、X 等通信软件实时沟通。这也是
　　本书将多智能体系统与网络模型而不是元胞自动机模型集成的原因。

② Hang Luo, How to Address Multiple Sources of Influence in Group Decision-mak-
　　ing? From a Non-ordering to an Ordering Approach, *19th International Conference
　　on Group Decision and Negotiation*, Loughborough, UK, 2019, *Lecture Notes
　　in Business Information Processing*, 351: 17–32.

中每一个影响来源的权重值无疑是进行"偏好集成（preference aggregation）"的前提和关键。① 不同成员之间所施加的影响的权重往往是差异化的，受到国家间权力对比和关系"好坏"等多重因素的影响。具体来说，因为各成员之间存在着双边关系上的"亲疏远近"（如北欧诸国之间关系相对"亲密"、英国与欧陆国家之间则多有"嫌隙"），也存在着国家实力和领导地位② 的"高低悬殊"，因而成员之间的影响权重往往有强也有弱，有正也有负，且处在动态变化之中。在多期互动和相互影响的过程中，各成员基于被影响后的偏好，针对特定提案做出各自的投票选择，全体成员的投票选择基于组织采取的决策机

---

① 除了经济学和管理学等，一般性的群体决策模型也是计算机科学和人工智能（特别是多智能体）领域的热点话题。有学者深入讨论了群体决策中的影响模型。参见 Amirali Salehi-Abari and Craig Boutilier, Empathetic Social Choice on Social Networks, *13th International Conference on Autonomous Agents and Multiagent Systems*, Paris, France, 2014: 693–700; Hang Luo, Individual, Coalitional and Structural Influence in Group Decision-making, *16th International Conference on Modeling Decisions for Artificial Intelligence*, Milan, Italy, 2019, *Lecture Notes in Artificial Intelligence*, 11676: 77–91; Hang Luo, How to Address Multiple Sources of Influence in Group Decision-making? From a Non-ordering to an Ordering Approach, *19th International Conference on Group Decision and Negotiation*, Loughborough, UK, 2019, *Lecture Notes in Business Information Processing*, 351: 17–32.

② 例如，法国和德国无疑在欧盟内部占据着特殊的"领导"地位，它们既是欧盟（欧共体）的创始成员国，也是欧盟内部经济实力、综合国力等最强的国家，对其他成员国的影响力往往远非其他国家可比拟。

制加以计算（即计票），以获得各提案的表决结果（通过或不通过）。当然，实际的结果与各成员所期望的结果（由个体初始偏好、被影响后的偏好或投票选择决定①）可能一致也可能不一致。

而且，各成员的投票选择恐怕不只是将自身初始偏好、"盟友"与"对手"的偏好基于相应的影响权重分配而简单加权求和的结果，还会受到相关心理状态的"微妙"影响，包括期望心理状态和比较心理状态等：（1）考虑个体层面的期望心理状态，各成员个体获得群体决策结果的实时反馈，会将个体所期望的结果与投票表决的实际结果进行比较（即是否实现国家意志和国家利益），期望结果和实际结果之间相匹配（或相矛盾）的情况可能会影响到成员国决策者的心理状态（如"不满现状"），②进而可能反馈为调整同其他成员（特别是"对手"）之间的关系，如表现为降低"对抗性"或增加"合作性"（数学上可表现为降低受"对手"负向影响的强度），以试图改变现状，避免"双输"，追求"共赢"，进而也会影响到下一次互动和决策中被影响后的投票偏好及选择的集成；（2）考虑人际

---

① 如一个成员投的是赞成票，一般是期望表决通过，而一个成员投的是反对票，一般是期望表决不通过。

② 罗杭、孟庆国：《安理会改革与大国博弈的多智能体模拟》，《世界经济与政治》2013 年第 6 期。

层面的比较心理状态，各成员可能还会将自身的期望结果——实际结果匹配情况与其他成员（特别是"盟友"）的情况进行比较，如果存在较大的差距（特别是"盟友"总是能实现期望而自己总是不能），也可能会影响到该成员国决策者的心理状态（如"心态失衡"），进而可能反馈为调整同其他成员（特别是"盟友"）之间的关系，如表现为降低"信任感"或"忠诚度"（数学上可表现为降低受"盟友"正向影响的强度），进而也会影响到下一次互动和决策中被影响后的投票偏好及选择的集成。总之，因为国家的决策最终都由人来完成，不可能是完全理性、客观理性的，而是有限理性、感性甚至非理性的，会受到各种心理因素的影响，从而在多期互动的过程中，会对自身与其他成员之间的相互影响关系（包括与"盟友"之间的正向影响和与"对手"之间的负向影响）进行适应性调整，体现出一定的影响动力学机制（influence dynamics）。

三、数学模型：变量定义与规则设计

在建立概念模型的基础上进而构建数学模型。数学模型即用变量表达概念，用函数（数学公式）表达变量之间的作用关系。以欧盟为例，将国际组织群体决策系统的运行机理以变量及数学公式的形式进行表达。

1. 定义变量

用 $An_{(i)}$ 表示第 i 个智能体（Agent），代表国际组织（如欧盟理事会）中第 i 个成员国的决策者（在欧盟理事会中为部长级代表），$i \in N=\{1, 2, \cdots, n\}$ 表示全体成员的集合，设置智能体属性变量及相关环境变量如下：

1.1 决策行为类变量

（1）$Vote_{(i)}(t)$，简写为 $V_{(i)}(t)$，表示第 i 个成员对第 t 次议案表决的投票选择，$V_{(i)}(t) \in \{1,0,-1\}$，值为 1 表示投赞成票，值为 0 表示弃权，值为 -1 表示投反对票，$V_{(i)}(t)$ 由第 i 个成员对第 t 次议案表决的投票偏好决定（本质上是看该议案的通过对该成员来说是有利还是有弊，有利则倾向于投赞成票，有弊则倾向于投反对票）。

（2）$Probability\text{-}of\text{-}Vote_{(i)}(t)$，简写为 $PV_{(i)}(t)$，$PV_{(i)}(t)=\{PV_{(i)}^{Y}(t), PV_{(i)}^{A}(t), PV_{(i)}^{N}(t)\}$，分别表示第 i 个成员在第 t 次议案表决时投赞成票（Yes）、弃权票（Abstention）和反对票（No）的概率，即以概率分布表达个体初始的投票偏好；另有被影响后的投票偏好的概率分布集合为 $Influenced\text{-}Probability\text{-}Vote_{(i)}(t)$，简写为 $IPV_{(i)}(t)$，$IPV_{(i)}(t)=\{IPV_{(i)}^{Y}(t), IPV_{(i)}^{A}(t), IPV_{(i)}^{N}(t)\}$，

分别代表第 i 个成员在第 t 次议案表决时受其他成员影响后的投赞成票、弃权票和反对票的概率，即被影响后的投票偏好，满足：

$$PV_{(i)}^{Y}(t) + PV_{(i)}^{A}(t) + PV_{(i)}^{N}(t) = 1, \quad IPV_{(i)}^{Y}(t) + IPV_{(i)}^{A}(t) + IPV_{(i)}^{N}(t) = 1$$

（即"完备互斥"）。不同于前人采用基于线性区间的投票指数模型，以一个投票指数表达一个成员的投票偏好，将给定投票指数下的投票选择完全确定化（即没有任何"变数"），[1] 本书采用概率分布的形式来表达投票偏好，以更好地模拟现实中决策者的"有限理性"（乃至"非理性"因素）。[2]

（3）*Expected Outcome$_{(i)}(t)$*，简写为 $EO_{(i)}(t)$，表示第 i 个成员对第 t 次议案表决所期望的结果，[3] $EO_{(i)}(t) \in \{1, 0, -1\}$，值为 1 表示期望表决通过，值为 0 表示对结果"无所谓"或认为是哪种结果"无差异（indifference）"，值为 -1 表示期望表决不通过，期望结果通常与自身初始的投票偏好、被影响后的投

---

① 在该模型中，一个成员用投票指数表示的投票偏好一旦给定，该成员的投票选择将完全确定。参见罗杭、孟庆国：《安理会改革与大国博弈的多智能体模拟》，《世界经济与政治》2013 年第 6 期。

② 另外还包括一些突发事件的影响和重大变故的冲击等。

③ 前人的模型只考虑了期望结果的两种取值，即期望通过和期望不通过。但现实中，往往还有第三种情况，即一项议案不涉及自身国家利益，其表决通过与否对自身没有什么影响，那么很可能对结果是"无所谓"的。参见罗杭、孟庆国：《安理会改革与大国博弈的多智能体模拟》，《世界经济与政治》2013 年第 6 期。

票偏好或实际的投票选择相关。①

（4）*Factual Outcome*(t)，简写为 $FO(t)$，表示组织对第 t 次议案表决的实际的结果，基于全体成员的投票选择以及组织所采用的决策机制计算得出，不同于期望结果，实际结果对每一个成员来说都是客观唯一的，$FO(t) \in \{1, -1\}$，值为 1 表示表决通过，值为 -1 表示表决未通过。

（5）*Rule*(t)，简写为 $R(t)$，表示组织在第 t 次议案表决时所采用的决策（投票）机制，以欧盟理事会为例，可令 $R(t) \in \{S, Q, U\}$，值为 S（simple majority）表示简单多数，值为 Q（qualified majority）表示有效多数（当前即国家数 + 人口数的双重多数），值为 U（unanimity）表示全体一致。决策机制是欧盟一系列重要条约（如《里斯本条约》）在协商和制定过程中反复争夺、激烈争论的焦点，对欧盟的发展方向和欧洲一体化前景影响深远。本书将决策机制作为模

---

① 如果设定一个成员期望的表决结果与其（初始或被影响后的）投票偏好相关而不与其实际的投票选择相关，是假定在很多情况下，一个成员的投票选择有可能是"口是心非"或"身不由己"的，未必是内心的真实期望，而是"重重压力"、"权衡利弊"下的结果。不过，本书也假定一个成员期望的表决结果与其实际的投票选择相关，一方面是因为"行胜于言"、"听其言不如观其行"，另一方面是考虑到欧盟这样的区域一体化组织不同于联合国安理会那样的政治类、安全类国际组织，各成员之间的竞争和相互施压没有那么的"白热化"。而且，假定一个成员期望的结果与其初始偏好挂钩更偏理想主义色彩，而假定一个成员期望的结果与其被影响后的偏好或实际的选择挂钩更偏现实主义基调。

拟实验项目的一个主要研究对象进行调控，以探索不同的决策机制设计对欧盟理事会群体博弈进程和决策结果的长周期影响。

（6）$Expectation\text{-}Psychology_{(i)}(t)$，简写为 $EP_{(i)}(t)$，表示第 i 个成员在第 t 次议案表决后的期望心理状态，由其所期望的结果 $EO_{(i)}(t)$ 和实际结果 $FO(t)$ 之间不匹配的累计次数［记为 $Unmatch_{(i)}(t)$，简写为 $UM_{(i)}(t)$］决定，① $EP_{(i)}(t) \in \{C, NC\}$，当值为 C(confrontation) 时表示与"对手"保持针锋相对的状态，"对手"越支持某一议案自己就越反对该议案，"对手"越反对某一议案自己就越支持该议案；当值为 NC (non-confrontation) 时表示持克制态度，不刻意对抗，降低对"对手"的"敌视感"，具体表现为弱化受"对手"负向影响的强度（即降低负向影响权重的绝对值）。

（7）$Comparison\text{-}Psychology_{(i)}(t)$，简写为 $CP_{(i)}(t)$，表示第 i 个成员在第 t 次议案表决后的比较心理状态，由其自身的期望不匹配次数 $Unmatch_{(i)}(t)$ 与其"盟友"的期望不匹配次数的平均值之间的对比决定，$CP_{(i)}(t) \in \{B, IB\}$，当值为 B (balanced) 时表示"心态平衡"，与"盟友"继续保持密切配合的状态，"盟

---

① 罗杭、孟庆国：《安理会改革与大国博弈的多智能体模拟》，《世界经济与政治》2013 年第 6 期。

友"越支持某一议案自己也越赞成该议案,"盟友"越反对某一
议案自己也越反对该议案;当值为 *IB*(imbalanced)时表示"心
态失衡",持保守(保留)态度,"心怀不满",降低对"盟友"
的"信任度",具体表现为弱化受"盟友"正向影响的强度(即
降低正向影响权重值)。

1.2　网络结构类变量

如前文所述,各成员的投票偏好及选择往往会受其他多个
成员的游说和影响,而且每一个成员持有的偏好往往各不相同,
所施加的影响也有大有小、有正有负。如何集成这种多源影响,
在多个施加影响的成员的偏好的基础上生成被影响者被影响后
的最终投票偏好,区分并赋值各个影响源的权重无疑是前提和
关键。①前人的模型②虽考虑了各个成员之间在投票偏好上的相
互影响,以及区分了"盟友"的正向影响和"对手"的负向影响,
但没有区分各个成员之间施加影响的强度差异,即将任意两个
成员之间的影响权重(的绝对值)都设置为 1,这同国际政治

① Hang Luo, How to Address Multiple Sources of Influence in Group Decision-making? From a Non-ordering to an Ordering Approach, *19th International Conference on Group Decision and Negotiation*, Loughborough, UK, 2019, *Lecture Notes in Business Information Processing*, 351: 17-32.

② 罗杭、孟庆国:《安理会改革与大国博弈的多智能体模拟》,《世界经济与政治》2013 年第 6 期。

现实中纷繁复杂的双边关系恐有一定偏差。① 影响的权重主要包括两个维度：强度和极性。笔者通过构建数学模型差异化设定两两成员之间的影响关系的权重值，既可以区分影响的强度（大或小），也可以区分影响的极性（正或负）。影响权重的赋值受多重因素复合决定，笔者采用的赋值流程如图 2 所示，即先判断影响权重的极性(符号)，再判断影响权重的强度(绝对值)。

（8） $weight_{(j,i)}(t)$，简写为 $w_{(j,i)}(t)$，表示成员 j 对成员 i 在第 t 次议案表决中施加影响的权重值， $\sum_{j \in N} |w_{(j,i)}(t)|$ 表示所有成员（集合 $N = \{1, 2, \cdots, n\}$）在第 t 次议案表决中对成员 i 施加影响的权重的绝对值求和。

1.2.1 影响权重的极性：成员 j 对成员 i 的初始影响权重 $w_{(j,i)}(0)$ 的极性即符号(+/-)可由成员 j 与成员 i 之间关系的"亲疏远近"决定。一般来说，关系越"亲近"，则影响的权重更倾向于为正（但也有一定可能为负），而关系越"疏远"，则影响的权重更倾向于为负（但也有一定可能为正）。如何界定成员国间关系的"亲疏远近"，可以借鉴类似于"关系圈"或"朋

---

① 这也是受制于十余年前的计算机硬件条件（特别是 CPU 和内存）的计算能力的限制。而如今，不仅中央处理器（CPU，central processing unit）的性能（动辄十多个物理核心、二十多个线程 / 逻辑核心）和内存的容量飞速发展，而且不少个人计算机（PC）都配上了专门用于图形处理和 AI 计算的独立显卡 / 图形处理器（GPU，graphics processing unit），近期还出现了专门用于人工神经网络运算和深度学习的神经网络处理器（NPU，neural processing unit）。

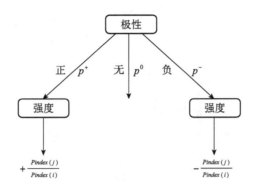

图 2　影响权重的决定

资料来源：笔者自制。

注：*Pindex*(*j*) 代表影响者的权力指数，*Pindex*(*i*) 代表被影响者的权力指数。

友圈"即"圈子"的概念（如图 3 所示），设置一个基于国家间"关系圈"的极性赋值规则，通过区分两两国家在"圈内"和"圈外"的具体位置，以及设定相应的概率分布集合，以分配两两成员之间初始影响权重的极性。① 国家所处"圈子"的界定可以有多元化的标准，以欧盟为例，笔者初步选取了三个比较典型的标准以供参考：一是界定成员国的经济圈属性，主要根据该成

---

①　在本书设计的模型中，两个成员之间影响权重的极性也是区分方向的，即成员 *i* 对成员 *j* 的影响权重的极性和成员 *j* 对成员 *i* 的影响权重的极性虽然都受成员国 *i* 和成员国 *j* 之间的关系所决定，但因为按概率有一定随机性，因此各自的极性是有可能不一样的。这其实也比较常见，如成员 *i* 把成员 *j* 当朋友，但成员 *j* 却把成员 *i* 当对手。当然，影响权重的强度更是有方向上的区别，大国对小国的影响往往大于小国对大国的影响。

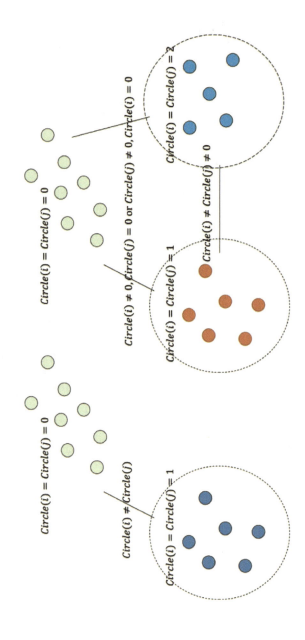

图 3　影响权重的极性的判定规则图示

资料来源：重制自罗杭：《国际组织决策的智能体计算实验——以欧盟成员成构演变与决策机制变革为例》，《世界经济与政治》2020 年第 7 期，第 134 页。

员国是否属于欧元区（euro area，又称 eurozone），① 未加入欧元区的国家在某种意义上"只有一只脚站在"欧盟的"圈子"里，如若英国是欧元区国家，那么退出欧盟的成本要远远更高，恐不可能轻易地拿脱欧"开玩笑"；二是界定成员国的政治圈属性，同属一个政治圈的国家往往政策偏好比较接近，在欧盟中进行政治圈的划分其实非常复杂、困难，在不同的政策领域各成员国的"圈子划分"往往不尽相同，笔者仅以欧盟财政政策领域为例，初步选择一种较为简单的划分方式，一个政治圈是"声名赫赫"的"法德核心（Paris-Bonn Axis）"，② 欧盟中法、德两国经常相互支持，以力推其所主张的欧洲一体化政策，另一个政治圈则是"与之抗衡"的"新汉莎同盟（the New Hanse-atic League）"，③ 出于对英国脱欧后欧盟内部权力失衡和法德主导欧盟财政政策的担忧，荷兰等 8 个国家公开表示它们在欧盟

---

① 欧元可谓是欧洲一体化最"有形的"证据。当前，欧盟 27 个成员国中有 20 个以欧元为官方货币，包括（括号中为开始使用欧元的年份）：奥地利（1999）、比利时（1999）、克罗地亚（2023）、塞浦路斯（2008）、爱沙尼亚（2011）、芬兰（1999）、法国（1999）、德国（1999）、希腊（2001）、爱尔兰（1999）、意大利（1999）、拉脱维亚（2014）、立陶宛（2015）、卢森堡（1999）、马耳他（2008）、荷兰（1999）、葡萄牙（1999）、斯洛伐克（2009）、斯洛文尼亚（2007）和西班牙（1999）。1999 年开始使用欧元的第一批成员国都是 2002 年开始使用欧元现金。参见 European Central Bank, Our money, https://www.ecb.europa.eu/euro/intro/html/index.en.html，2025 年 3 月 6 日。

② "Paris"即法国首都巴黎，"Bonn"是联邦德国曾经的首都波恩。

③ 有意思的是，这是一个没有德国的"汉莎同盟"。

的财政政策上保持一致立场；① 三是界定成员国的文化圈属性，如退出了欧盟的英国就经常不认为自己是欧洲国家，英国人眼中的欧洲常常指欧洲大陆，又如北欧（斯堪的纳维亚）国家有其较独特的文化属性和民族认同，与其他欧洲大陆国家之间也多有不同。有趣的是，我们可以发现，政治、经济和文化三种"关系圈"之间也相互交织，彼此影响，如文化圈不同的英国也始终不加入欧元区，又如北欧五国中挪威、冰岛至今未加入欧盟，瑞典、丹麦虽加入了欧盟但都未加入欧元区，且瑞典和丹麦又还是新汉莎同盟的成员，在财政政策领域与法德"唱反调"。可见，各国所属的不同"圈子"确实可能会对国家行为和国家间关系产生影响。

（9）$Circle(i)$ 表示第 i 个成员国所属的"关系圈"，$Circle(i)$

---

① 这 8 个国家包括：丹麦、爱沙尼亚、芬兰、爱尔兰、拉脱维亚、立陶宛、荷兰和瑞典。八国财政部长表示仅原则上支持发展欧洲银行联盟以及将欧洲稳定机制（ESM）发展为欧洲货币基金组织（EMF），认为欧洲的经济和货币联盟应该建立在国家自愿的基础上，并强调非欧元区国家与欧元区国家的对等性。而"法德核心"所力推的建立欧元区共同预算、设置欧盟经济与财政部长等欧洲财政一体化政策被它们认为是"过于超前"、"不合时宜"的，且认为欧洲预算工作的重点应放在结构改革方面。参见 Ministry of Finance Finland，Finance ministers from Denmark，Estonia，Finland，Ireland，Latvia，Lithuania，the Netherlands and Sweden underline their shared views and values in the discussion on the architecture of the EMU，https://vm.fi/documents/10623/6305483/Position+EMU+Denmark+Estonia+Finland+Ireland+Latvia+Lithuania+the+Netherlands+and+Sweden.pdf/99e70c41-6348-4c06-8ff8-ed2965d16700/Position+EMU+Denmark+Estonia+Finland+Ireland+Latvia+Lithuania+the+Netherlands+and+Sweden.pdf.pdf，2025 年 1 月 17 日。

$\in \{ Economics(i)$，$Politics(i)$，$Culture(i) \}$，分别表示成员国 i 的经济圈、政治圈和文化圈属性。

（10） $Economics(i) / Euro(i)$ 表示第 i 个成员国的经济圈属性，可主要根据该国是否属于欧元区，设定 $Euro(i) \in \{0, 1\}$，其中 0 表示该国不属于欧元区，1 表示该国属于欧元区。如图 3（左半部分）所示，两个成员国 i 和 j 的经济圈站位有如下几种可能的情况：1）当两个成员国同属于欧元区，即 $Circle(j) = Circle(i) = 1$ [具体为 $Euro(j) = Euro(i) = 1$] 时，设定两个成员之间初始影响权重的极性的概率分布集合为 $Same\text{-}circle\text{-}Probability$，简写为 $P_S = \{P_S^+, P_S^-\}$，P_S^+、P_S^- 分别表示这种情况下两个成员之间的初始影响权重为正和为负的概率；2）当一个成员国属于欧元区而另一个成员国不属于欧元区，即 $Circle(j) \neq Circle(i)$ [具体为 $Euro(j) \neq Euro(i)$] 时，设定两个成员之间初始影响权重的极性的概率分布集合为 $None\text{-}circle\text{-}for\text{-}One\text{-}Probability$，简写为 $P_N = \{P_N^+, P_N^-\}$，P_N^+、P_N^- 分别表示这种情况下两个成员之间的初始影响权重为正和为负的概率；3）当两个成员国都不属于欧元区，即 $Circle(j) = Circle(i) = 0$ [具体为 $Euro(j) = Euro(i) = 0$] 时，设定两个成员之间初始影响权重的极性的概率分布集合为 $None\text{-}circle\text{-}for\text{-}Two\text{-}Probability$，简写为 $P_{NN} = \{P_{NN}^+, P_{NN}^-\}$，$P_{NN}^+$、$P_{NN}^-$ 分别表示这种情况下两个成员之间的初始影响权重为正和为负的概率。相应情况的概率分布可以有不同的赋值，但根据常理，一些基本的条件需要满足，如 $P_S^+>P_{NN}^+>P_N^+$ （当两个成员国同属于欧元区时，影响权重的极性为正的概率一般应该比其他情况下更高[①]），$P_N^->P_{NN}^->P_S^-$ （当两个成员国一个属于欧元区，另一个不属于欧元区时，影响权重的极性为负的概率一般应该比其他情况下更高[②]）等。

（11）$Politics(i)$ 表示第 i 个成员国的政治圈属性，以欧盟财政政策领域为例，可初步设定 $Politics(i) \in \{0, 1, 2\}$，其中 0 表示其他，1 表示该国属于"法德核心"，2 表示该国属于"新汉莎同盟"。如图 3（右半部分）所示，基于两两成员国政治圈站位的初始影响权重极性的概率分布的设定规则与前述经济圈同理，但因为在经济圈的划分标准中，欧元区国家是一种经济上的"同盟"关系，而非欧元区国家难以称得上一种与欧元区国家对等的"同盟"关系（毕竟非欧元区国家使用的货币各不相同），即该标准中实际只存在一个"圈子"（两个成员的站位可以区分为"同在圈内"、"同在圈外"和"圈内圈外"三种情况），而政治圈属性可以划分为两个乃至多个"圈子"，因此，两个成员国的站位还有另一种情况。当一个成员国属于一个政治圈而另一个成员国属于另一个政治圈（"两个圈子"），

---

① 因为这种情况下，两个国家之间的合作性和"抱团"的程度可能是最强的。
② 因为这种情况下，两个国家之间的"对抗性"可能是最强的。

即 $Circle(j) \neq Circle(i) \neq 0$ [具体为 $Politics(j) \neq Politics(i) \neq 0$] 时，则需再补充设定一种两个成员之间初始影响权重的极性的概率分布集合为 $Different\text{-}circles\text{-}Probability$，简写为 $P_D = \{P_D^+, P_D^-\}$，P_D^+、P_D^- 分别表示这种情况下两个成员之间的初始影响权重为正和为负的概率。根据常理，也还需满足一些基本条件，如 $P_S^+ > P_{NN}^+ > P_N^+ > P_D^+$（当两个成员国属于不同政治圈时，影响权重的极性为正的概率一般应该比其他情况下更低）、$P_D^- > P_N^- > P_{NN}^- > P_S^-$（当两个成员国属于不同政治圈时，影响权重的极性为负的概率一般应该比其他情况下更高）等。

（12）$Culture(i)$ 表示第 i 个成员国的文化圈属性，可初步设定 $Culture(i) \in \{0, 1, 2, 3, 4, 5\}$，其中 0 表示其他，①1 表示西欧系（基督教和天主教为主），②2 表示中东欧系（前社会主义国家或东正教为主国家），③3 表示海洋系，④4 表示北欧

① 如欧盟成员候选国阿尔巴尼亚、波斯尼亚和黑塞哥维那（波黑），宗教成分比较复杂。其中，波黑的波什尼亚克族、塞尔维亚族和克罗地亚族分别主要信仰伊斯兰教、东正教和天主教。

② 包括欧共体创始六国及其他文化和制度上都较接近的西欧大陆国家，如法国、德国、意大利、荷兰、比利时、卢森堡、奥地利、西班牙、葡萄牙等。

③ 考虑中东欧国家与西欧国家在宗教、历史、文化上的较大差异，且加入欧盟的时间相对较晚，专设"中东欧系"，如波兰、匈牙利、捷克、斯洛伐克、罗马尼亚、保加利亚等。

④ 以爱尔兰和曾经的欧盟成员国英国为典型。另马耳他、塞浦路斯作为英国前殖民地，与爱尔兰一样属于海洋法系，其中爱尔兰和马耳他的官方语言还包括英语。

（斯堪的纳维亚半岛）系,[1]5表示伊斯兰系。[2]如图3（右半部分）所示，基于两两成员国文化圈站位的初始影响权重极性的概率分布的设定规则与前述经济圈、政治圈同理。

1.2.2　影响权重的强度：成员 j 对成员 i 的初始影响权重 $w_{(j,i)}(0)$ 的强度（大小）可由成员 j 与成员 i 之间的权力（实力）对比决定。影响权重的强度即权重的绝对值，根据常理，可以设定这样一种简单的规则：施加影响者（即影响的主体）的权力越大，影响的强度就越大；被影响者（即影响的客体）的权力越小，则影响的强度越大（一般而言，自身越是强大，则影响力越大，而自身越是弱小，就越容易被影响，"身不由己"）。如何界定各成员国的权力大小，可以有多元化的标准，基于欧盟理事会所采用的双重多数决策规则，笔者初步选取了两个较典型性的标准以供参考：一个是综合国力，另一个是人口规模。

（13）$Power(i)$，表示成员国 i 的综合国力。借鉴相关学者对中等强国的界定以及对综合国力或国家权力等级的划分，[3]将世界范围内的国家大致区分为大国（great power）、中等强国（middle power）和小国（small power）三个大类，其中将中

---

① 包括丹麦、瑞典、芬兰三个加入了欧盟的北欧国家。

② 如欧盟成员候选国土耳其，绝大多数的民众信仰伊斯兰教。

③ Willem Oosterveld and Bianca Torossian，A Balancing Act：The Role of Middle Powers in Contemporary Diplomacy，https://www.clingendael.org/pub/2018/strategic-monitor-2018-2019/a-balancing-act/，2025 年 1 月 18 日。

等强国又区分为"建成的中等强国（established middle power）"和"新兴的中等强国（emerging middle power）"两档。在欧盟范围内，曾经有三个大国即法国、德国和英国，其中法、德两国称得上欧盟的"奠基者"和"领袖"，而英国长期以来"离心离德"，甚至公投退出了欧盟，第一档的中等强国有意大利、西班牙等，第二档的中等强国有波兰、葡萄牙、希腊等，小国有匈牙利、克罗地亚、立陶宛、拉脱维亚、爱沙尼亚等。笔者简化假设同一个国力等级的国家的权力值基本相同（国家权力的测量本身是一个非常复杂的问题，其精确测度是一个系统性工程，甚至需要专门出一本专著），初步设定各类国力等级所对应的权力值的集合为 $Power(i) \in \{Power^{Great}, Power^{EstablishedMiddle}, Power^{EmergingMiddle}, Power^{Small}\}$，对各个国力等级对应的权力大小赋值可以有不同的标准，但根据常理，至少应满足 $Power^{Great} > Power^{EstablishedMiddle} > Power^{EmergingMiddle} > Power^{Small}$，即权力值应当与国力等级成正相关。如以成员国之间综合国力或国家权力值的对比界定初始影响权重的强度，则成员 j 对成员 i 的初始影响权重的强度可记为 $|w_{(j,i)}(0)| = \dfrac{Power(j)}{Power(i)}$，即与施加影响者的权力呈正相关，而与被影响者的权力呈负相关。

（14）$Population(i)$，简写为 $Pop(i)$，表示成员国 i 的人口数量。人口不仅是衡量一个国家综合国力的重要指标，同时也与欧盟理事会当前采用的作为主要立法规则的双重多数制直接相关（其中一项多数要求即投赞成票的成员国的人口数达到欧盟总人口数的 65%），因此，一个欧盟国家的人口规模 [1] 与其在欧盟中的投票权(voting weight) [2] 直接挂钩，自然也与其左右（影响）组织决策结果的能力即投票权力(voting power) [3] 直接相关。具有更大投票权和投票权力的成员国往往更有能力形成（能够

---

[1] 欧盟中人口前十的国家为德国、法国、意大利、西班牙、波兰、罗马尼亚、荷兰、比利时、捷克和瑞典。参见 Eurostat, Population change-Demographic balance and crude rates at national level, https://ec.europa.eu/eurostat/databrowser/view/DEMO_GIND__custom_10293339/bookmark/table?lang=en&bookmarkId=cdf29d2c-8d15-4f2c-96b6-a51f8a389103，2025 年 1 月 9 日。

[2] 可查看 European Council & Council of the European Union, Voting calculator, https://www.consilium.europa.eu/en/council-eu/voting-system/voting-calculator/，2025 年 3 月 6 日。

[3] 投票权和投票权力是两个紧密关联但又本质不同的概念。国际组织中的投票权是指一个成员国在表决中可以投出的票数及其占总票数的比重（即投票权重），投票权力则指一个成员国通过行使其投票权而实际拥有的左右组织决策（投票表决）结果的能力。前者是投票的权利，后者才是投票的权力。参见罗杭、杨黎泽：《国际组织中的投票权与投票权力——以亚洲基础设施投资银行为例》，《世界经济与政治》2018 年第 2 期；罗杭、杨黎泽：《国际组织中的权力均衡与决策效率——以金砖国家新开发银行和应急储备安排为例》，《世界经济与政治》2019 年第 2 期；罗杭、杨黎泽：《国际组织中的权力格局评价——以世界银行、亚开行和亚投行的比较为例》，《世界经济与政治》2022 年第 11 期；Hang Luo, Lize Yang, and Kourosh Houshmand, Power Structure Dynamics in Growing Multilateral Development Banks: The Case of the Asian Infrastructure Investment Bank, *Global Policy*, 2021, 12 (1): 24–39; Hang Luo and Lize Yang, Equality and Equity in Emerging Multilateral Financial Institutions: The Case of the BRICS Institutions, *Global Policy*, 2021, 12 (4): 482–508.

使表决通过的）"获胜联盟（winning coalitions）"，既更容易成功地游说和说服其他成员的加入和支持，也更有机会成为其他成员"争相拉拢"的对象，从而具有了更大的影响力。不同于主要考量"硬实力"或物质性权力的综合国力，投票权力是一种典型的制度性权力，往往在组织内部和特定的制度规则下发挥作用（制度性权力的发挥，需要以各成员认可制度、遵守规则为前提）。如以成员国之间人口数量（在欧盟中亦代表投票权）的对比界定初始影响权重的强度，则成员 j 对成员 i 的初

始影响权重的强度可记为 $\left|w_{(j,i)}(0)\right| = \dfrac{Pop(j)}{Pop(i)}$。如果综合采用综合国力和人口数量两个标准，则可通过求几何均值的方式，将

影响权重的强度整合为 $\left|w_{(j,i)}(0)\right| = \dfrac{\sqrt{Power(j) \times Pop(j)}}{\sqrt{Power(i) \times Pop(i)}}$。

2. 设计规则

在定义相关变量的基础上，进一步为变量之间的因果关系（如图 1 所示）设计相应的数学公式及演算规则。

2.1　期望结果规则

首先计算各个成员所期望的群体决策（投票表决）结果，假定与自身初始偏好直接相关，该偏好由投票概率分布（包括投赞成票的概率 $\left[PV_{(i)}^{Y}(t)\right]$、投弃权票的概率 $\left[PV_{(i)}^{A}(t)\right]$ 和投反

对票的概率$\left[PV_{(i)}^{N}(t)\right]$）表达，即当投赞成票的概率越大时，越可能期望表决通过；当投反对票的概率越大时，越可能期望表决不通过；当投弃权票的概率越大时，则越可能没有明确的期望结果。当然，投赞成票的概率即便最大（即倾向或偏好投赞成票），也未必一定投赞成票，存在一定的随机性，以模拟真实决策过程中的"有限理性"（乃至"非理性"因素）。为表达这种随机性，使用计算机分配的 [0，1）范围的随机浮点数，以获得成员 i 对第 t 次表决所期望的结果（取值 1、0、-1 分别表示期望表决通过、无差异和期望表决不通过）：

$$EO_{(i)}(t)=\begin{cases}1,0\leqslant x\left[0\leqslant x<1\right]<PV_{(i)}^{Y}(t)\\0,PV_{(i)}^{Y}(t)\leqslant x\left[0\leqslant x<1\right]<PV_{(i)}^{Y}(t)+PV_{(i)}^{A}(t)\\-1,PV_{(i)}^{Y}(t)+PV_{(i)}^{A}(t)\leqslant x\left[0\leqslant x<1\right]<1\end{cases}\qquad(1)$$

当 [0，1）随机浮点数处于 0 与投赞成票的概率之间时，该成员期望表决通过；当 [0，1）随机浮点数处于投赞成票的概率与投赞成票的概率 + 投弃权票的概率之和之间时，该成员期望的结果为无差异；当 [0，1）随机浮点数处于投赞成票的概率 + 投弃权票的概率之和与 1（即再加上投反对票的概率）之间时，该成员期望表决不通过。

2.2 实际结果规则

2.2.1 被影响后的偏好：首先计算各个成员受多源影响后的最终偏好，同样由投票概率分布表达，由自身和其他成员期望的结果（即偏好的一种离散化表达）以及相应的影响权重综合决定：

$$IPV_{(i)}^{Y}(t) =$$

$$\frac{\sum_{w_{(j,i)}(t)>0,EO_{(j)}(t)=1}w_{(j,i)}(t)+\frac{1}{2}\sum_{w_{(j,i)}(t)<0,EO_{(j)}(t)=0}\left|w_{(j,i)}(t)\right|+\sum_{w_{(j,i)}(t)<0,EO_{(j)}(t)=-1}\left|w_{(j,i)}(t)\right|}{\sum_{j\in N}\left|w_{(j,i)}(t)\right|} \qquad (2)$$

$$IPV_{(i)}^{A}(t) = \frac{\sum_{w_{(j,i)}(t)>0,EO_{(j)}(t)=0}w_{(j,i)}(t)}{\sum_{j\in N}\left|w_{(j,i)}(t)\right|} \qquad (3)$$

$$IPV_{(i)}^{N}(t) =$$

$$\frac{\sum_{w_{(j,i)}(t)>0,EO_{(j)}(t)=-1}w_{(j,i)}(t)+\frac{1}{2}\sum_{w_{(j,i)}(t)<0,EO_{(j)}(t)=0}\left|w_{(j,i)}(t)\right|+\sum_{w_{(j,i)}(t)<0,EO_{(j)}(t)=1}\left|w_{(j,i)}(t)\right|}{\sum_{j\in N}\left|w_{(j,i)}(t)\right|} \qquad (4)$$

其中，$\left[IPV_{(i)}^{Y}(t)\right]$ 代表成员 i 在第 t 次议案表决中被影响后的投赞成票的概率，由第 t 次议案表决中对成员 i 的影响权重大于 0（即施加正向影响）且期望的结果为表决通过（记为 1）的成员、影响权重小于 0（即施加负向影响）且期望的结果为无差异（记为 0）的成员以及影响权重小于 0 且期望的结果为表决不通过（记为 -1）的成员三部分共同决定，上述三类成员的数量越多，特别是影响权重的绝对值越大，则成员 i 投赞成票的概率越大，越倾向于投赞成票；$\left[IPV_{(i)}^{N}(t)\right]$ 代表成员 i 在第 t 次议案表决中被影响后的投反对票的概率，由第 t 次议案表决中对成员 i 的影响权重大于 0（正向影响）且期望的结果为表决不通过的成员、影响权重小于 0（负向影响）且期望的结果为无差异的成员以及影响权重小于 0 且期望的结果为表决通过的成员三部分共同决定，上述三类成员的数量越多，特别是影响权重的绝对值越大，则成员 i 投反对票的概率越大，越倾向于投反对票；$\left[IPV_{(i)}^{A}(t)\right]$ 代表成员 i 在第 t 次议案表决中被影响后的投弃权票的概率，由第 t 次议案表决中对成员 i 的影响权重大于 0（正向影响）且期望的结果为无差异的成员决定，该类成员的数量越多，特别是影响权重越大，则成员 i 投弃权票的概率越大，越倾向于弃权。可见，多源影响模型构建的基本思路是将赞成票和反对票视为两种"对立"的立场，而将弃权视为赞成和反对之间的一种"中间立场"。被影响后的投赞成票和投反对票的概率的组成结构是对称的。

2.2.2　个体投票选择：得出各个成员受影响后的偏好后，依据其投票概率分布集合，以及计算机分配的 [0，1) 范围的随机浮点数，获得该成员实际的投票选择（取值 1、0、-1 分别表示赞成票、弃权票和反对票）：

$$V_{(i)}(t)=\begin{cases}1,0\leqslant x[0<x\leqslant1]<IPV_{(i)}^{Y}(t)\\0,IPV_{(i)}^{Y}(t)\leqslant x[0<x\leqslant1]<IPV_{(i)}^{Y}(t)+IPV_{(i)}^{A}(t)\\-1,IPV_{(i)}^{Y}(t)+IPV_{(i)}^{A}(t)\leqslant x[0<x\leqslant1]<1\end{cases}\quad(5)$$

当 [0，1) 随机浮点数处于 0 与被影响后的投赞成票的概率之间时，该成员投赞成票；当 [0，1) 随机浮点数处于被影

响后的投赞成票的概率与被影响后的投赞成票的概率 + 投弃权票
的概率之和之间时，该成员投弃权票；当 [0，1) 随机浮点数处
于被影响后的投赞成票的概率 + 投弃权票的概率之和与 1（即再
加上被影响后的投反对票的概率）之间时，该成员投反对票。

2.2.3　群体投票结果：进一步，依据各成员的投票选择和
组织采取的决策机制计算出实际的表决结果 $\left[FO(t)\right]$，以欧盟
理事会的主要立法规则有效多数制即双重多数规则为例，如果
投赞成票的成员国数量达到欧盟总成员国数量的 55%，且投赞
成票的成员国代表的人口数达到欧盟总人口数的 65%，则表决
通过（记为 1），否则表决不通过（记为 -1）。

2.3　期望心理规则

比较成员 i 对第 t 次表决所期望的结果与实际的结果之间
的匹配情况，计算其期望心理状态，假定当累积 n_T 次出现期
望结果与实际结果不匹配，即超过一定的阈值（threshold）时，
该成员国决策者的心理状态会产生"波动"，并进行主观调适，
期望心理状态反转，且不匹配次数重置为 0，重新计数。

2.3.1　期望结果—实际结果比较和不匹配计数：

$$\text{If } EO_{(i)}\left(t\right) \neq FO\left(t\right) \wedge EO_{(i)}\left(t\right) \neq 0 \text{ Then } UM_{(i)}\left(t\right) = UM_{(i)}\left(t-1\right) + 1 \quad (6)$$

当实际结果 $\left[FO(t)\right]$ 与期望结果 $\left[EO_{(i)}\left(t\right) = V_{(i)}\left(t\right)\right]$ 不一致，
且期望结果不为无差异（记为 0）时，不匹配次数加 1。这里
将一个成员期望的结果与其实际的投票选择直接挂钩，根据常

理，如果投的是赞成票，则期望表决通过，如果投的是反对票，则期望表决不通过，如果投的是弃权票，则可能对结果"无所谓"。

2.3.2　期望心理反转：

$$\text{If } UM_{(i)}(t)=n_T \text{ Then } EP_{(i)}(t)=\begin{cases} C, EP_{(i)}(t-1)=NC \\ NC, EP_{(i)}(t-1)=C \end{cases}, UM_{(i)}(t)=0 \quad (7)$$

其中，n_T 表示（使得）期望心理状态发生反转的不匹配次数的阈值（临界值），不同成员的阈值可能是不一样的，可以在一定范围内取随机数，以体现各个成员不同的决策个性。毕竟，有的人的"心理防线"不容易被突破，而有的人比较容易"破防"。

2.3.3　弱化"对抗"：当期望心理状态为"非对抗"，即 $EP_{(i)}(t)$ = NC(non-confrontation) 时，该成员会弱化受"对手"负向影响的强度，弱化的程度取决于一个设定的倾向系数 $Mild\text{-}to\text{-}Opponent\text{-}Inclination$，简写为 MOI，$0<MOI<1$（可以在一定范围内取随机值，以体现各个成员不同的决策个性），有：

$$\text{If } w_{(j,i)}(t) < 0$$

$$\text{Then } w_{(j,i)}(t+1)=\begin{cases} w_{(j,i)}(t), EP_{(i)}(t)=C \\ w_{(j,i)}(t)-MOI_{(i)}w_{(j,i)}(t), EP_{(i)}(t)=NC \end{cases} \quad (8)$$

2.4　比较心理规则

计算成员 i 在第 t 次表决时所有"盟友"（即影响权重 $w_{(j,i)}(t)>0$ 的成员）的不匹配次数的加权平均值，如果"盟友"的不匹配次数平均值小于自己的不匹配次数，该成员国决策者会出现心理状态上的"失衡"，并采取相应措施，追求心理上的"平衡"。

2.4.1　比较心理状态的衡量：

$$CP_{(i)}(t) = \begin{cases} B, UM_{(i)}(t) \leqslant \dfrac{\sum_{w_{(j,i)}(t)>0} w_{(j,i)}(t) UM_{(j)}(t)}{\sum_{w_{(j,i)}(t)>0} w_{(j,i)}(t)} \\ IB, otherwise \end{cases} \qquad (9)$$

2.4.2　弱化"追随"：当比较心理状态为"不平衡"，即 $CP_{(i)}(t)$ =IB（imbalanced）时，该成员会弱化受"盟友"正向影响的强度，弱化的程度同样取决于一个设定的倾向系数 $Deviate-from-Ally-Inclination$，简写为 DAI，$0<DAI<1$（可以在一定范围内取随机值，以体现各个成员不同的决策个性），有：

$$\text{If } w_{(j,i)}(t) > 0$$

$$\text{Then } w_{(j,i)}(t+1) = \begin{cases} w_{(j,i)}(t), CP_{(i)}(t) = B \\ w_{(j,i)}(t) - DAI_{(i)} w_{(j,i)}(t), CP_{(i)}(t) = IB \end{cases} \qquad (10)$$

四、计算机模型：Netlogo 多智能体建模与仿真

前文构建的不管是概念模型还是数学模型，人（通过学习）都能读懂，但计算机却不一定读得懂（即便是大语言模型，在直接处理数学公式上仍容易产生偏差），所以还需要通过编写程序建立计算机模型。程序语言是人（特别是程序员）和计算机都能读懂的语言（从而架起人和计算机之间的桥梁），也是计算机最专长的语言，程序语言也最为严谨（其严谨性远非任何一种自然语言可比），没有歧义，计算机在运行程序时也不易产生偏差。

因此，在建立概念模型和数学模型的基础上进一步构建计算机模型，通过计算机编程，建立一个嵌入于复杂网络的国际组织决策的多智能体模拟系统，并以欧盟理事会为例，将其决策系统及运行过程在计算机虚拟环境中进行模拟和呈现。笔者使用 Netlogo 这一编程语言也是建模平台。①

---

① 关于多智能体模拟系统的开发，有 Swarm、Repast、Ascape、AnyLogic、Matlab 等平台可供选择，其中 Netlogo 对初学者相对友好，且具有较强的可扩展性和图形化的用户界面（在图形化用户界面和可拖放控件方面与 Visual Basic 有类似之处），笔者选取 Netlogo 4.0.5 作为国际组织决策的多智能体模拟系统的实现平台。Netlogo 由美国西北大学连接学习和计算机建模中心开发，是一个用来对自然和社会现象进行仿真的可编程建模环境，可在其官网免费下载。参见 Netlogo，Home，https://ccl.northwestern.edu/netlogo/，2025 年 1 月 18 日。Netlogo 还配套有中英文版本的用户手册。中文版本参见 Netlogo，User Manuals，https://ccl.northwestern.edu/netlogo/4.0.4/docs/NetLogo_manual_chinese.pdf，2025 年 1 月 18 日。

1. 模拟系统界面

国际组织决策的多智能体模拟系统的界面（interface）如图 4 所示，左部为模型参数设置区；①中部为多智能体互动演化视图（view），用每一个智能体（Netlogo 中将 agents 称为"turtles"）代表欧盟理事会中的一个成员国决策者，以智能体的颜色（color）和形状（shape）区分各成员的投票选择，绿色的"实心圆"代表投赞成票，灰色的"空心圆"代表投弃权票，红色的"×"代表投反对票，各个智能体多期互动、反馈学习、适应调整、相互影响，共同塑造群体决策进程及结果（多智能体系统的 3D 演化视图如图 5 所示），并以带箭头的连接（directed-links）代表成员之间的影响关系，用连接的箭头方向表明谁是影响者、谁是被影响者（即区分影响的主体和客体），用连接的颜色代表影响的极性，绿色代表正向影响、红色代表负向影响，而灰色代表没有影响；右部为相关重要变量的时序演化图（plot）和数值监控窗口（monitor），右上图为历次表决中赞成票、弃权票和反对票的票数演化图，以测度实时的投票结构，右中图为群体决策的实际结果（表决通过与否）

---

① 拖放了选择器（chooser）、输入盒（input box）等界面按钮（interface button），用于"关系圈"的设定（经济圈、政治圈还是文化圈）、国家权力类型（综合国力、人口规模抑或综合）的设定、不同"关系圈"站位（"同在圈内"、"两个圈子"、"圈内圈外"、"同在圈外"这四种情况）下影响权重的极性为正、为负的概率分配以及不同国力等级的权力赋值等。

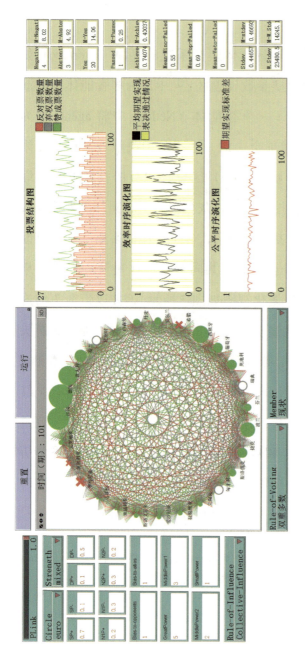

图 4 国际组织决策的多智能体模拟系统界面：以欧盟理事会为例

资料来源：笔者自制。

注：在投票结构图中，线状曲线、点状曲线和柱状曲线分别代表在历次表决中投赞成票、弃权票和反对票的成员数量，在测度效率时序演化图中，线状曲线表示历次表决各成员实现了期望的结果（实现为计 1，未实现计 0）的平均值（值为 1 即所有成员都实现了期望的结果，值为 0 即没有一个成员实现了期望的结果），柱状曲线表示历次表决议案表决是否通过的情况（表决通过计 1，表决未通过计 0）；在测度公平时序演化图中，曲线表示历次表决决各成员期望实现之间的标准差。

与各成员期望实现平均值的时序演化图，期望实现即期望的结果与实际的结果相一致的情况（一致①计1，否则计0），以测度组织的效率价值实现情况，右下图为各成员期望实现之间的标准差即离散程度的时序演化图，以测度组织的公平价值实现情况（对国际组织中效率和公平的定义将在后文详细阐述）。

图 5　多智能体模拟系统的 3D 视图

资料来源：笔者自制。

---

① 所谓"一致"，即投赞成票且表决通过或投反对票且表决未通过。

2. 模拟系统代码 ①

;; 符号后面为注释，帮助程序员或读者理解代码的含义，不被计算机运行

globals [number Sneg Mneg Sab Mab Saff Maff fo total-fo gfo achieve sumachieve gachieve minofailed popfailed vetofailed summinofailed sumpopfailed sumvetofailed gminofailed gpopfailed gvetofailed liststd std sumstd gstd listwstd wstd sumwstd gwstd LMOI LDAI] ;; 定义全局变量，包括智能体数量、赞成票、弃权票、反对票数量、表决通过情况、期望实现平均值、期望实现标准差等。

turtles-own [access euro poli culture pop power endweight endgroup PV-1 PV0 PV1 sumPV ipref randomE randomV vote ownachieve ep EPT unmatch allyunmatch MOI DAI] ;; 定义智能体（agent）属性变量，Netlogo 中将 agent 称为"turtle"，"turtles"表示全部的 agents，一个智能体代

---

① 初始设置中使用的人口数据采集自 Eurostat, Population change - Demographic balance and crude rates at national level，https://ec.europa.eu/eurostat/databrowser/view/DEMO_GIND__custom_10293339/bookmark/table?lang=en&bookmarkId=cd f29d2c-8d15-4f2c-96b6-a51f8a389103，2025 年 1 月 9 日；国力等级参考 Willem Oosterveld and Bianca Torossian，A Balancing Act: The Role of Middle Powers in Contemporary Diplomacy，https://www.clingendael.org/pub/2018/strategic-monitor-2018-2019/a-balancing-act/，2025 年 1 月 18 日。设置的"单一影响"模式（备用）参考 Hang Luo，Influence across Agents and Issues in Combinatorial and Collective Decision–making，*20th International Conference on Group Decision and Negotiation*，Toronto，Canada，2020，*Lecture Notes in Business Information Processing*，388：75–90。

表一个成员，智能体（成员）的属性变量包括经济圈属性、政治圈属性、文化圈属性、人口规模、国家权力等级、权力值、关系圈归属、投赞成票的概率、投弃权票的概率、投反对票的概率、初始偏好、投票选择、个体期望实现情况、期望心理状态、期望心理状态反转阈值、期望结果与实际结果不匹配次数、"盟友"的不匹配次数平均值等。

directed-link-breed［olinks olink］;;Netlogo 中默认的连接是无向的，称为"links"，所以创建有向连接这一连接类型，代表成员之间的影响关系，命名为"olinks"，"o"即"outward"的首字母，表明为有向连接

olinks-own［eweight randomL lunmatch］;; 定义有向连接属性变量，包括影响权重等

to setup ;; 重置

clear-all

;; 根据不同的成员扩张方案设定智能体的数量，"set"是赋值命令

if member = "现状"［set number 27］

if member = "第一阶段扩张"［set number 32］

if member = "第二阶段扩张"［set number 34］

if member = "第三阶段扩张"［set number 36］

create-ordered-turtles number ;; 为各个成员国决策者（成员）创建对应的智能体

layout-circle sort turtles 4 ;; 将智能体的位置环形布局，如同一张圆形会议桌

ask patches [set pcolor white]

ask turtles [set shape "circle"]

;; 对智能体的属性变量赋初始值

;;"access" 代表该成员国是否是创始成员国以及加入的时间，"euro"代表经济圈属性（是否属于欧元区），"poli" 代表政治圈属性，"culture" 代表文化圈属性，"pop" 代表人口（单位为千人），"power" 代表国力等级

;; 设置智能体在模拟视图中的大小（size）与其所代表的成员国的人口规模成正比，人口 8000 万以上 size 设为 1，6000 万以上设为 0.9，5000万以上设为 0.8，4000 万以上设为 0.7，3000 万以上设为 0.6，1500 万以上设为 0.5，800 万以上设为 0.4，500 万以上设为 0.3，100 万以上设为 0.2，100 万以下设为 0.1，主要是为了方便直观呈现和感受成员国的"体量"（如人口大国还是人口小国）

;; 现有成员国

ask turtle 0 [set label "法国" set access "Founder" set euro 1 set poli 1 set culture 1 set pop 68173 set power greatpower set size 0.9] ;; 欧盟中唯一的联合国安理会常任理事国

ask turtle 1 [set label "德国" set access "Founder" set euro 1 set poli 1 set culture 1 set pop 84359 set power greatpower set size 1]

ask turtle 2 [set label "意大利" set access "Founder" set euro 1 set poli 0 set culture 1 set pop 58997 set power middlepower1 set size 0.8]

ask turtle 3 [set label "荷兰" set access "Founder" set euro 1 set poli 2 set culture 1 set pop 17811 set power middlepower1 set size 0.5]

ask turtle 4 [set label "比利时" set access "Founder" set euro 1 set poli 0 set culture 1 set pop 11743 set power middlepower1 set size 0.4]

ask turtle 5 [set label "卢森堡" set access "Founder" set euro 1 set poli 0 set culture 1 set pop 661 set power smallpower set size 0.1]

;;1973 年扩张，1973 年加入的英国已退出欧盟

ask turtle 6 [set label "丹麦" set access 1973 set euro 0 set poli 2 set culture 4 set pop 5933 set power middlepower1 set size 0.3]

ask turtle 7 [set label "爱尔兰" set access 1973 set euro 1 set poli 2 set culture 3 set pop 5271 set power smallpower set size 0.3]

;;1981 年扩张

ask turtle 8 [set label "希腊" set access 1981 set euro 1 set poli 0 set culture 2 set pop 10414 set power middlepower2 set size 0.4]

;;1986 年扩张

ask turtle 9〔set label "西班牙" set access 1986 set euro 1 set poli 0 set culture 1 set pop 48085 set power middlepower1 set size 0.7〕

ask turtle 10〔set label "葡萄牙" set access 1986 set euro 1 set poli 0 set culture 1 set pop 10517 set power middlepower2 set size 0.4〕

;;1995 年扩张

ask turtle 11〔set label "奥地利" set access 1995 set euro 1 set poli 0 set culture 1 set pop 9105 set power middlepower1 set size 0.4〕

ask turtle 12〔set label "瑞典" set access 1995 set euro 0 set poli 2 set culture 4 set pop 10522 set power middlepower1 set size 0.4〕

ask turtle 13〔set label "芬兰" set access 1995 set euro 1 set poli 2 set culture 4 set pop 5564 set power middlepower1 set size 0.3〕

;;2004 年扩张

ask turtle 14〔set label "波兰" set access 2004 set euro 0 set poli 0 set culture 2 set pop 36754 set power middlepower2 set size 0.6〕

ask turtle 15〔set label "捷克" set access 2004 set euro 0 set poli 0 set culture 2 set pop 10828 set power middlepower2 set size 0.4〕

ask turtle 16〔set label "斯洛伐克" set access 2004 set euro 1 set poli 0 set culture 2 set pop 5429 set power smallpower set size 0.3〕

ask turtle 17〔set label "匈牙利" set access 2004 set euro 0 set poli 0 set culture 2 set pop 9600 set power smallpower set size 0.4]

ask turtle 18 [set label "立陶宛" set access 2004 set euro 1 set poli 2 set culture 2 set pop 2857 set power smallpower set size 0.2]

ask turtle 19 [set label "拉脱维亚" set access 2004 set euro 1 set poli 2 set culture 2 set pop 1883 set power smallpower set size 0.2]

ask turtle 20 [set label "爱沙尼亚" set access 2004 set euro 1 set poli 2 set culture 2 set pop 1366 set power smallpower set size 0.2]

ask turtle 21 [set label "斯洛文尼亚" set access 2004 set euro 1 set poli 0 set culture 2 set pop 2117 set power smallpower set size 0.2]

ask turtle 22 [set label "塞浦路斯" set access 2004 set euro 1 set poli 0 set culture 3 set pop 921 set power smallpower set size 0.1]

ask turtle 23 [set label "马耳他" set access 2004 set euro 1 set poli 0 set culture 3 set pop 542 set power smallpower set size 0.1]

;;2007 年扩张

ask turtle 24 [set label "罗马尼亚" set access 2007 set euro 0 set poli 0 set culture 2 set pop 19055 set power middlepower2 set size 0.5]

ask turtle 25 [set label "保加利亚" set access 2007 set euro 0 set poli 0 set culture 2 set pop 6448 set power smallpower set size 0.3]

;;2013 年扩张

ask turtle 26〔set label "克罗地亚" set access 2013 set euro 1 set poli 0 set culture 2 set pop 3851 set power smallpower set size 0.2〕

;; 成员候选国

;; 第一阶段扩张，包括开启了入盟谈判的成员候选国

if number > 27

〔

ask turtle 27〔set label "北马其顿" set access "can" set euro 0 set poli 0 set culture 2 set pop 1830 set power smallpower set size 0.2〕;; 原马其顿

ask turtle 28〔set label "塞尔维亚" set access "can" set euro 0 set poli 0 set culture 2 set pop 6641 set power smallpower set size 0.3〕

ask turtle 29〔set label "黑山" set access "can" set euro 0 set poli 0 set culture 2 set pop 617 set power smallpower set size 0.1〕

ask turtle 30〔set label "阿尔巴尼亚" set access "can" set euro 0 set poli 0 set culture 0 set pop 2762 set power smallpower set size 0.2〕

ask turtle 31〔set label "摩尔多瓦" set access "can" set euro 0 set poli 0 set culture 2 set pop 2513 set power smallpower set size 0.2〕

〕

;; 第二阶段扩张，包括未开启入盟谈判的成员候选国

if number > 32

[

ask turtle 32 [set label "波 黑" set access "can" set euro 0 set poli 0 set culture 0 set pop 3441 set power smallpower set size 0.2] ;; 波斯尼亚和黑塞哥维那

ask turtle 33 [set label "格鲁吉亚" set access "can" set euro 0 set poli 0 set culture 2 set pop 3736 set power smallpower set size 0.2]

]

;; 第三阶段扩张,"特殊"的成员候选国

if number > 34

[

ask turtle 34 [set label "土耳其" set access "can" set euro 0 set poli 0 set culture 5 set pop 85280 set power middlepower2 set size 1]

ask turtle 35 [set label "乌克兰" set access "can" set euro 0 set poli 0 set culture 2 set pop 40998 set power middlepower2 set size 0.7]

;;ask turtle 36 [set label "英国" set access "exit" set euro 0 set poli 0 set culture 3 set pop 67026 set power greatpower set size 0.9]

;;ask turtle 37 [set label "冰岛" set access "special" set euro 0 set poli 0 set culture 4 set pop 388 set power smallpower set size 0.1]

]

ask turtles [set label-color 0]

ask turtles [if plink > random-float 1 [create-olinks-to other turtles]] ;; 建立智能体之间的连接，即成员之间的影响关系

;; 选择初始影响权重的强度的确定方式

if Strength = "pop" [ask turtles [set endweight pop]] ;; 人口规模

if Strength = "power" [ask turtles [set endweight power]] ;; 综合国力

if Strength = "mixed" [ask turtles [set endweight sqrt power * pop]] ;; 综合

;; 选择初始影响权重的极性的确定方式，使用哪种"关系圈"

if Circle = "euro" [ask turtles [set endgroup euro]] ;; 经济圈(欧元区)

if Circle = "poli" [ask turtles [set endgroup poli]] ;; 政治圈

if Circle = "culture" [ask turtles [set endgroup culture]] ;; 文化圈

;; 设置两个成员之间的初始影响权重，包括强度和极性

ask olinks

[

if [endgroup] of end1 = 0 and [endgroup] of end2 = 0 ;; 二者都在 "圈外"

[

set randomL random-float 1 ;;"random-float 1" 是 0 到 1 之间的随机浮点数

if 0 <= randomL and randomL < N2P-

［ set eweight (- (bias-to-opponents * ［ endweight ］ of end1 / ［ endweight ］ of end2)) ］ ;; 施加影响者的权力除以被影响者的权力

if N2P- <= randomL and randomL < N2P- + N2P+

［ set eweight (bias-to-allies * ［ endweight ］ of end1 / ［ endweight ］ of end2) ］

if N2P- + N2P+ <= randomL and randomL < 1

［ set eweight 0 ］

　］

if (［ endgroup ］ of end1 = 0 and ［ endgroup ］ of end2 != 0) or (［ endgroup ］ of end2 = 0 and ［ endgroup ］ of end1 != 0) ;; 一个在"圈内"，一个在"圈外"

［

set randomL random-float 1

if 0 <= randomL and randomL < N1P-

［ set eweight (- (bias-to-opponents * ［ endweight ］ of end1 / ［ endweight ］ of end2)) ］

if N1P- <= randomL and randomL < N1P- + N1P+

［set eweight（bias-to-allies * ［endweight］of end1 / ［endweight］of end2）］

if N1P- + N1P+ <= randomL and randomL < 1

［set eweight 0］

］

if ［endgroup］of end1 != ［endgroup］of end2 and ［endgroup］of end1 != 0 and ［endgroup］of end2 != 0 ;; 二者各处一个 "圈子"

［

set randomL random-float 1

if 0 <= randomL and randomL < DP-

［set eweight（-（bias-to-opponents * ［endweight］of end1 / ［endweight］of end2））］

if DP- <= randomL and randomL < DP- + DP+

［set eweight（bias-to-allies * ［endweight］of end1 / ［endweight］of end2）］

if DP- + DP+ <= randomL and randomL < 1

［set eweight 0］

］

if ［endgroup］of end1 = ［endgroup］of end2 and ［endgroup］of end1

!= 0 and [endgroup] of end2 != 0 ;; 二者同处一个"圈子"

[

set randomL random-float 1

if 0 <= randomL and randomL < SP-

[set eweight (- (bias-to-opponents * [endweight] of end1 / [endweight] of end2))]

if SP- <= randomL and randomL < SP- + SP+

[set eweight (bias-to-allies * [endweight] of end1 / [endweight] of end2)]

if SP- + SP+ <= randomL and randomL < 1

[set eweight 0]

]

]

;; 设置初始期望心理状态和相关阈值

ask turtles [set ep 0 set EPT (random 8 + 3)] ;; 使用随机数，以表达各个成员不同的决策个性

;; 设置比较心理状态作用机制相关系数

ask turtles [set DAI random-float 0.3] ;; 设置 Deviate-from-Ally-Inclination

計算国际组织理论

ask turtles [set MOI random-float 0.3] ;; 设置 Mild-to-Opponent-Inclina-
tion

　end

to go ;; 运行

tick ;; 计时，每一次计时代表一次决策（议案表决）

if ticks = 101 [stop] ;; 模型运行 100 次（议案表决）后停止

;; 分配各个成员的初始投票偏好，计算各个成员的投票概率

ask turtles

[

set PV-1 random-float 1 ;; 反对票

set PV0 random-float 3 ;; 弃权票

set PV1 random-float 10 ;; 赞成票

set sumPV PV-1 + PV0 + PV1

set PV-1 PV-1 / sumPV ;; [0, 1] 标准化，以便作为概率进行处理

set PV0 PV0 / sumPV

set PV1 PV1 / sumPV

set randomE random-float 1

;; 确定期望的结果

if 0 <= randomE and randomE < PV-1 [set ipref -1 set color red] if PV-1 <= randomE and randomE < PV-1 + PV0 [set ipref 0 set color gray]

if PV-1 + PV0 <= randomE and randomE < 1 [set ipref 1 set color green]

;; 一种不考虑随机性确定期望结果的备用方案

;;if PV-1 >= PV0 and PV-1 >= PV1 [set ipref -1 set color red]

;;if PV0 >= PV-1 and PV0 >= PV1 [set ipref 0 set color gray]

;;if PV1 >= PV-1 and PV1 >= PV0 [set ipref 1 set color green]

]

ask olinks
[
if eweight > 0 [set color green] ;; 将表示正向影响（权重 >0）的连接的颜色设为绿色

if eweight = 0 [set color gray] ;; 将表示没有影响（权重 =0）的连接的颜色设为灰色

if eweight < 0 [set color red] ;; 将表示负向影响（权重 <0）的连接的颜色设为红色

]

;; 偏好被影响的过程，在多源影响下基于各个影响者的偏好集成出

被影响者的偏好

ask turtles

[

if Rule-of-Influence = "Collective-Influence" ;; 影响模式设为"集体（群体）影响"，考虑每一个影响者根据自己的影响权重施加的相应强度和极性的影响，有大有小、有正有负

[

if ipref = -1 ;; 如果自身初始偏好是期望表决不通过

[

set PV-1 (sum [abs eweight] of my-in-olinks with [[ipref] of end1 = -1 and eweight > 0] + sum [abs eweight] of my-in-olinks with [[ipref] of end1 = 1 and eweight < 0] + sum [abs eweight / 2] of my-in-olinks with [[ipref] of end1 = 0 and eweight < 0] + 1) / (sum [abs eweight] of my-in-olinks + 1) ;; 在投反对票的概率的分子部分加上自己对自己的影响，分母部分是所有影响者的影响权重的绝对值求和，"sum"是求和，"abs"是取绝对值

set PV0 (sum [abs eweight] of my-in-olinks with [[ipref] of end1 = 0 and eweight > 0]) / (sum [abs eweight] of my-in-olinks + 1)

set PV1 (sum [abs eweight] of my-in-olinks with [[ipref] of end1 = 1 and eweight > 0] + sum [abs eweight] of my-in-olinks with [[ipref] of end1 = -1 and eweight < 0] + sum [abs eweight / 2] of my-in-olinks with

[[ipref] of end1 = 0 and eweight < 0]) / (sum [abs eweight] of my-in-olinks + 1)

]

if ipref = 0 ;; 如果自身初始偏好是无差异

[

set PV-1 (sum [abs eweight] of my-in-olinks with [[ipref] of end1 = -1 and eweight > 0] + sum [abs eweight] of my-in-olinks with [[ipref] of end1 = 1 and eweight < 0] + sum [abs eweight / 2] of my-in-olinks with [[ipref] of end1 = 0 and eweight < 0]) / (sum [abs eweight] of my-in-olinks + 1)

set PV0 (sum [abs eweight] of my-in-olinks with [[ipref] of end1 = 0 and eweight > 0] + 1) / (sum [abs eweight] of my-in-olinks + 1) ;; 在投弃权票的概率部分加上自己对自己的影响

set PV1 (sum [abs eweight] of my-in-olinks with [[ipref] of end1 = 1 and eweight > 0] + sum [abs eweight] of my-in-olinks with [[ipref] of end1 = -1 and eweight < 0] + sum [abs eweight / 2] of my-in-olinks with [[ipref] of end1 = 0 and eweight < 0]) / (sum [abs eweight] of my-in-olinks + 1)

]

if ipref = 1 ;; 如果自身初始偏好是期望表决通过

[

set PV-1（sum［abs eweight］of my-in-olinks with［［ipref］of end1 = -1 and eweight > 0］+ sum［abs eweight］of my-in-olinks with［［ipref］of end1 = 1 and eweight < 0］+ sum［abs eweight / 2］of my-in-olinks with［［ipref］of end1 = 0 and eweight < 0］）/（sum［abs eweight］of my-in-olinks + 1）

set PV0（sum［abs eweight］of my-in-olinks with［［ipref］of end1 = 0 and eweight > 0］）/（sum［abs eweight］of my-in-olinks + 1）

set PV1（sum［abs eweight］of my-in-olinks with［［ipref］of end1 = 1 and eweight > 0］+ sum［abs eweight］of my-in-olinks with［［ipref］of end1 = -1 and eweight < 0］+ sum［abs eweight / 2］of my-in-olinks with［［ipref］of end1 = 0 and eweight < 0］+ 1）/（sum［abs eweight］of my-in-olinks + 1）;; 在投赞成票的概率部分加上自己对自己的影响

]

]

if Rule-of-Influence = "Prominent-One-Influence";; 影响模式设为"单一影响"，被影响者"追随"影响权重绝对值最大（可理解为影响力最大）的那个影响者而无视其他影响者，体现现实中的简化心理，但忽视了一部分有效信息（备用）

[

if［ipref］of［end1］of max-one-of my-in-olinks［abs eweight］= -1 and［eweight］of max-one-of my-in-olinks［abs eweight］> 0 ;; 影响权重绝对值最大的影响者期望表决不通过且施加的是正向影响

　　［set PV-1 1 set PV0 0 set PV1 0］;; 此时将被影响者投反对票的概率设为 100%

　　if［ipref］of［end1］of max-one-of my-in-olinks［abs eweight］= -1 and［eweight］of max-one-of my-in-olinks［abs eweight］< 0 ;; 影响权重绝对值最大的影响者期望表决不通过但施加的是负向影响

　　［set PV-1 0 set PV0 0 set PV1 1］;; 此时将被影响者投赞成票的概率设为 100%

　　if［ipref］of［end1］of max-one-of my-in-olinks［abs eweight］= 0 and ［eweight］of max-one-of my-in-olinks［abs eweight］> 0 ;; 影响权重绝对值最大的影响者期望结果无差异且施加的是正向影响

　　［set PV-1 0 set PV0 1 set PV1 0］;; 此时将被影响者投弃权票的概率设为 100%

　　if［ipref］of［end1］of max-one-of my-in-olinks［abs eweight］= 0 and ［eweight］of max-one-of my-in-olinks［abs eweight］< 0 ;; 影响权重绝对值最大的影响者期望结果无差异但施加的是负向影响

　　［set PV-1 0.5 set PV0 0 set PV1 0.5］;; 此时将被影响者投赞成票的概率设为 50%，投反对票的概率设为 50%

　　if［ipref］of［end1］of max-one-of my-in-olinks［abs eweight］= 1 and ［eweight］of max-one-of my-in-olinks［abs eweight］> 0 ;; 影响权重绝对

值最大的影响者期望表决通过且施加的是正向影响

[set PV-1 0 set PV0 0 set PV1 1] ;; 此时将被影响者投赞成票的概率设为 100%

if [ipref] of [end1] of max-one-of my-in-olinks [abs eweight] = 1 and [eweight] of max-one-of my-in-olinks [abs eweight] < 0 ;; 影响权重绝对值最大的影响者期望表决通过但施加的是负向影响

[set PV-1 1 set PV0 0 set PV1 0] ;; 此时将被影响者投反对票的概率设为 100%

    ]

    ]

;; 本轮相互影响完以后，各个成员基于被影响后的偏好做出投票选择

ask turtles

[

set randomV random-float 1

if 0 <= randomV and randomV < PV-1

[set vote -1 set color red set shape "x"] ;; 如果投反对票，将智能体的颜色设为红色，形状设为 "叉"

if PV-1 <= randomV and randomV < PV-1 + PV0

[set vote 0 set color gray set shape "circle 3"] ;; 如果投弃权票，将智

能体的颜色设为灰色，形状设为"空心圆"

if PV-1 + PV0 <= randomV and randomV < 1

[set vote 1 set color green set shape "circle"] ;; 如果投赞成票，将智能体的颜色设为绿色，形状设为"圆"

]

;; 依据决策（投票）机制计算实际的表决结果

if rule-of-voting = "全体一致"

[

ifelse count turtles with [vote = -1] = 0 [set fo 1][set fo 0] ;; 全体一致规则要求没有哪个成员明确表示反对

ifelse count turtles with [vote = -1] != 0 [set vetofailed 1][set vetofailed 0]

set sumvetofailed sumvetofailed + vetofailed

set gvetofailed sumvetofailed / ticks

]

if rule-of-voting = "简单多数"

[

ifelse count turtles with [vote = 1] / count turtles > 0.5 [set fo 1][set fo 0〕;; 简单多数规则要求投赞成票的成员过半

ifelse fo = 0〔set minofailed 1〕〔set minofailed 0〕

set summinofailed summinofailed + minofailed

set gminofailed summinofailed / ticks

〕

if rule-of-voting = "人口多数"

〔

ifelse sum〔pop〕of turtles with〔vote = 1〕/ sum〔pop〕of turtles >=

0.73〔set fo 1〕〔set fo 0〕;; 单一人口多数规则要求投赞成票的成员的人

口数达到欧盟总人口数的一定比例

ifelse fo = 0〔set popfailed 1〕〔set popfailed 0〕

set sumpopfailed sumpopfailed + popfailed

set gpopfailed sumpopfailed / ticks

〕

if rule-of-voting = "双重多数"

〔

ifelse count turtles with〔vote = 1〕/ count turtles >= 0.55 and sum〔pop〕

of turtles with [vote = 1] / sum [pop] of turtles >= 0.65 [set fo 1] [set fo 0] ;;
欧盟的双重多数规则要求投赞成票的成员数达到欧盟总成员数的 55%
且其代表的人口数达到欧盟总人口数的 65% 这两项条件

ifelse count turtles with [vote = 1] / count turtles < 0.55 [set minofailed
1] [set minofailed 0]

set summinofailed summinofailed + minofailed

set gminofailed summinofailed / ticks

ifelse sum [pop] of turtles with [vote = 1] / sum [pop] of turtles < 0.65
[set popfailed 1] [set popfailed 0]

set sumpopfailed sumpopfailed + popfailed

set gpopfailed sumpopfailed / ticks

]

;; 数据统计和记录
;; 投票结构：历次议案表决赞成票、弃权票和反对票的累计数和平
均数

set sneg sneg + count turtles with [vote = -1]

set mneg sneg / ticks

set sab sab + count turtles with [vote = 0]

set mab sab / ticks

set saff saff + count turtles with [vote = 1]

set maff saff / ticks

;; 效率的衡量: 数量效率 (表决通过次数) 和质量效率 (期望实现情况)

;; 数量效率: 表决通过频率

set total-fo total-fo + fo

set gfo total-fo / ticks

;; 质量效率: 期望实现平均值

;; 个体期望实现

ask turtles

[

ifelse (vote = 1 and fo = 1) or (vote = -1 and fo = 0) ;; 投赞成票且表决通过或投反对票且表决未通过视为实现期望

[set ownachieve 1]

[set ownachieve 0]

]

;; 整体 (平均) 期望实现

set achieve sum〔ownachieve〕of turtles / count turtles

set sumachieve sumachieve + achieve

set gachieve sumachieve / ticks

;; 结果公平的衡量：期望实现离散程度

set liststd〔 〕;; 创建用于计算期望实现标准差的数据列表，初始为

空表

ask turtles〔set liststd lput ownachieve liststd〕;;"lput" 表示将每一个

成员的期望实现加入列表

set std standard-deviation liststd ;; 求标准差

set sumstd sumstd + std

set gstd sumstd / ticks

set listwstd〔 〕

ask turtles〔set listwstd lput（pop * ownachieve）listwstd〕

set wstd standard-deviation listwstd

set sumwstd sumwstd + wstd

set gwstd sumwstd / ticks

;; 期望心理状态调整与反馈机制，更替策略

ask turtles

```
    [

    set LMOI MOI

    if (ipref = 1 and fo = 0) or (ipref = -1 and fo = 1) [ set unmatch
unmatch + 1 ] ;; 期望表决通过而表决未通过或期望表决不通过而表决通
过，则计期望结果与实际结果不一致
    ;; 不匹配次数累计到阈值则期望心理状态反转

    if ep = 1 and unmatch = EPT [ set unmatch 0 set ep 0 ]

    if ep = 0 and unmatch = EPT [ set unmatch 0 set ep 1 ]

    ;; 如果期望心理状态为"非对抗"，弱化受"对手"负向影响的强度，
即调低负向影响权重的绝对值

    if ep = 1 [ ask my-in-olinks [ if eweight < 0 [ set eweight eweight -
eweight * LMOI ] ] ]

    ]


    ;; 比较心理状态调整与反馈机制

    ask turtles

    [

    set LDAI DAI

    ask my-in-olinks [ set lunmatch [ unmatch ] of end1 ]

    if count my-in-olinks with [ eweight > 0 ] > 0

    [
```

set allyunmatch sum［lunmatch］of my-in-olinks with［eweight > 0］/ count my-in-olinks with［eweight > 0］;; 计算"盟友"的平均不匹配次数

if unmatch > allyunmatch ;; 如果自身的不匹配次数超过"盟友"的平均不匹配次数，则心态失衡

［ask my-in-olinks［if eweight > 0［set eweight eweight - eweight * LDAI］］］;; 调低受"盟友"正向影响的强度，即降低正向影响权重值

　　　］

　　　］

;; 绘图部分

set-current-plot"投票结构图";; 设置图及其名称

set-current-plot-pen"反对票数量";; 设置曲线及其名称

plot count turtles with［vote = -1］;; 曲线的取值

set-current-plot-pen"弃权票数量"

plot count turtles with［vote = 0］

set-current-plot-pen"赞成票数量"

plot count turtles with［vote = 1］

set-current-plot"效率时序演化图"

set-current-plot-pen"平均期望实现"

plot achieve

set-current-plot-pen"表决通过情况"

```
plot fo


set-current-plot "公平时序演化图"

set-current-plot-pen "期望实现标准差"

plot std

end
```

应 用 篇

第四章

国际组织决策系统的模拟实验：
基本设计思路和评价指标体系

　　在基于 Netlogo 编程开发国际组织决策的多智能体模拟系统的基础上，进一步，以欧盟为例展开国际组织决策的计算实验，探讨决策机制变革、成员构成演变等关键性、争议性问题①对欧盟理事会博弈进程和决策结果的长周期影响，为欧盟决策机制设计、扩张方案选择提供思路和建议，并展望欧洲一体化的前景和趋势。我们可以将计算机虚拟环境中的系统模拟时钟（ticks）与欧盟理事会的决策议程相对应，每一次系统模

---

① 罗杭、孟庆国：《安理会改革与大国博弈的多智能体模拟》，《世界经济与政治》2013 年第 6 期。

拟计时代表一次决策（议案表决），如 ticks=1 表示对第 1 个议案的表决，ticks=100 表示对第 100 个议案的表决。[1] 对模拟实验中的主要变量设定说明如下：（1）初始变量有经济圈、政治圈和文化圈属性[2]等，在模拟运行开始前即先行设定，在模拟运行过程中保持不变；（2）演算变量有影响权重、[3]被影响后的投票偏好、投票选择、实际（决策）结果、期望（决策）结

----

[1] 每一次新的决策（即每次模拟运行）中各成员国决策者的初始偏好（表达为投票概率分布）都重新随机分配，以充分模拟欧盟理事会决策过程中遭遇的类型与领域多样、利益格局与偏好分布各异的议题及其具体议案。笔者使用概率分布（即连续性的量化指标）表达各成员对于不同议案的投票偏好，但各成员的实际投票偏好可能涉及大量定性数据和半结构化数据，往往难以精确测度，采用完全实证的方法获取各成员的真实偏好并不现实。实证能够获得的是各成员对历次议案表决的投票选择（且欧盟官网上只记录有表决通过的议案上各成员的投票选择，但没有记录的、表决未通过的议案上各成员的投票选择反而更为重要、更值得研究），而投票选择更多体现的是被影响后的投票偏好，各成员的初始投票偏好，基本无从获得（如一个国家即使是被"买票"了，通常也不会承认，而是"一口咬定"自己本来就要这么投），这其实也属于国家利益和国家机密的范畴。参见罗杭、孟庆国：《安理会改革与大国博弈的多智能体模拟》，《世界经济与政治》2013 年第 6 期；European Council & Council of the European Union, Search for voting results, https://www.consilium.europa.eu/en/general-secretariat/corporate-policies/transparency/open-data/voting-results/, 2025 年 1 月 22 日。因此，每次模拟运行都通过实验条件控制下的计算机随机赋值获取各成员的初始投票偏好（即投票概率分布）数据。

[2] 经济圈、政治圈和文化圈的设定在前文中已注释说明，其中经济圈以欧元区划分，范围明确唯一，并保留性地对各成员国的文化圈归属加以分配，不排除存在一定争议。

[3] 如前文所述，两个成员国决策者之间影响权重的初始值由两国之间的"关系圈"站位和权力对比决定，并基于群体决策结果的反馈和决策者心理状态的变化，在模拟运行过程中不断被调整而演化，体现出适应性。

果、期望心理状态、比较心理状态等，在模拟运行的过程中基于相关初始变量和其他演算变量迭代计算得出，特别是期望心理状态和比较心理状态受前期实验结果（期望实现情况等）的影响而动态变化，以模拟成员国决策者的心理状态演化对其认知（包括如何认识自己与其他成员，包括"盟友"和"对手"的关系）和决策行为的动态影响。

　　笔者在 Netlogo 多智能体建模与仿真平台中通过编程构建计算机虚拟实验环境，严格控制各类变量的"变"与"不变"（除调控所要研究的变量以外，其他所有变量都要保持不变），以达到自然科学所要求的"苛刻"的实验条件。社会科学主要研究作为整体的人类社会和作为个体的人以及人所组成的各种组织（如企业、社会组织乃至国家），面对作为"复杂巨系统"的人类社会——组成社会的人的心理和行为的各种变量时刻处于纷繁变化之中，人类社会整体的结构和运行的机制亦处于不断演化之中，且其过程和趋势往往并非人为（完全）可控。因此，在缺乏人工智能模型 ① 和计算机仿真技术支撑的情况下，

_____

① 人工智能即通过机器或计算机程序模拟人的心理和行为，因而天然地是一个计算机科学和心理学、行为学等多学科相结合的交叉研究领域。经典的人工智能议题主要是模拟人的心理和推理过程，如知识表达和推理（knowledge representation and reasoning）。新兴的人工智能议题也开始模拟人的五官感知及其与大脑的互动机制，如图像识别（即模拟人的眼睛或眼与脑的配合）、语音识别（即模拟人的耳朵或耳与脑的配合）等。

主流的社会科学定量研究往往只能采用统计学的范式而非实验科学的范式进行规律探索。

笔者基于多智能体建模与仿真，以欧盟决策机制变革和成员构成演变两个关键性、争议性议题为实验对象，设置对照组和实验组，[①] 分别模拟欧盟不同的决策机制设计和不同的成员扩张方案及其交叉效应对欧盟理事会博弈进程、决策结果和成员国利益实现[②] 的长周期影响。笔者不仅基于多智能体模拟探究欧盟决策系统的特性及其运行过程中的规律，而且试图为一般性的国际组织决策与区域一体化（区域国别）研究探索一种相对独特的分析路径，提供理论启示和方法论借鉴，并且在一般性的社会系统仿真的模型和方法上也有所推进，以概率分布表达影响前后的偏好、建立了异质性多源影响模型（即影响权重可大可小、可正可负）以及设置了比较心理反馈机制等。

为对不同决策机制设计和不同成员扩张方案下的模拟实验结果进行效果比较和优劣判断，就有必要首先确定衡量的标准，建立评价的指标。一般而言，效率[③] 和公平是评价一个国

---

① 罗杭、孟庆国：《安理会改革与大国博弈的多智能体模拟》，《世界经济与政治》2013 年第 6 期。

② 以期望实现衡量。

③ 国际组织的效率（决策效率）可以理解为组织可以形成决策的能力。参见罗杭、杨黎泽：《国际组织中的权力均衡与决策效率——以金砖国家新开发银行和应急储备安排为例》，《世界经济与政治》2019 年第 2 期。

际组织的两项重要指标，事关国际组织内部的团结稳定、持久发展以及对外能否为全球（区域）治理发挥建设性的作用，即事关国际组织的"生命力"①与"合法性"。不论是欧盟成员规模的扩张，还是决策机制的变革，从维护联盟的团结稳定和推进欧洲一体化进程的角度讲，都应当立足于促进欧盟的效率和公平。一方面，提高欧盟的决策效率，使更多有建设性的条约、政策能够通过实施，避免"搁浅"，有助于实现对重要区域和国际公共问题的有效治理，并稳步推进欧洲一体化进程；另一方面，保障欧盟的公平价值，避免欧盟的历次决策结果总是使得小部分国家获益（总能实现国家利益），而大部分国家不满（难以实现国家利益），有助于维持欧盟的团结和稳定，避免可能存在的"分裂"和"瓦解"的危险。如表 1 所示，设置一套国际组织决策系统的评价指标体系，包括效率和公平两大类指标。关于效率的测度，具体分为数量效率（quantitative efficiency）和质量效率（qualitative efficiency）两方面，前者体现为国际组织议案表决通过（形成决策）的频率，后者体现为议案表决结果产生后全体成员的平均期望实现率（即全体成员整体的国家利益实现程度）；关于公平的测量，具体分为权利公平（right fairness）和结果公平（outcome fairness）两方面，

---

① 国际组织亦存在生存和死亡的问题。参见罗杭、李博轩：《国际组织的竞争与死亡——一种生态学的视角》，《世界经济与政治》2023 年第 7 期。

前者体现为各成员的国家实力（特别是人口比重）与投票权重之间的匹配性（避免有的成员代表性过高、有的成员代表性又过低①），后者体现为降低成员之间期望实现（相当于国家利益实现程度）的过大差异。

表1 国际组织决策系统的评价指标体系

E 效率	E1 数量效率	提升国际组织中议案表决通过的频率，使国际组织为治理国际（区域）共同问题、凝聚国际共识（推进区域一体化进程）等发挥更加积极、建设性的作用。
	E2 质量效率	提升国际组织中全体成员的平均期望实现率，即区分议案的"良"、"恶"（毕竟法律亦有"良法"和"恶法"之分，不是每一部法律都应该通过），使更多有利于全体成员整体利益的议案通过实施。
F 公平	F1 权利公平	提升国际组织中各成员的国家实力（具体如人口比重等）与其投票权重之间的匹配度，避免一部分成员的投票权过大（特别是代表性过高），而另一部分成员的投票权过低（特别是代表性过低）等。
	F2 结果公平	减少国际组织中各成员之间期望实现的过大差异，如避免一部分成员（特别是大国）总是能使决策结果符合于自己的期望，而另一部分成员（特别是小国）总是不能，即国家利益实现的不均衡，以维护组织的团结和稳定以及成员国的向心力和凝聚力。

资料来源：对各项指标的内涵描述参考并改进自罗杭：《国际组织决策的智能体计算实验——以欧盟成员构成演变与决策机制变革为例》，《世界经济与政治》2020 年第7 期，第 142 页。

---

① 这里代表性的计算可以用人口比重除以投票权重。前人的研究系统探讨了国际组织中的代表性问题，并将各成员代表性的计算作为国际组织中权力分配的公平性衡量的一个基础，即将代表性和公平问题直接挂钩了。参见罗杭、杨黎泽：《国际组织中的权力格局评价——以世界银行、亚开行和亚投行的比较为例》，《世界经济与政治》2022 年第 11 期。

第五章

实验项目之一：
欧盟决策机制的变革

　　欧盟决策的一般模式是：欧盟委员会提出议案，欧盟理事会（或与欧洲议会共同）作出决策，欧盟委员会再负责执行。长期以来，欧盟理事会在欧盟决策过程中发挥核心作用。面对众多成员国在国家利益和对欧洲一体化认知上的差异、矛盾乃至冲突，作为主要决策机构的欧盟理事会如何能够在决策过程中有效化解各方矛盾、协调各方利益、引导促成共识？决策机制的设计应当是至关重要的。欧盟理事会除了对一般的、没有什么争议的议案可以采取讨论通过外，对那些比较重要的、敏感的、必须实行投票表决的议案，根据不同的议题领域，采用不同的投票规则。

　　具体而言，欧盟理事会根据相关条约的规定，针对表决议案的不同性质、① 领域和重要性程度等，采取不同的决策（投票）机制。当前欧盟理事会在大多数领域的决策都采用有效多数制，只有少数特别敏感的问题的决策仍采用全体一致，而程序性问题（procedural matters）的决策则采用简单多数制。② 在欧盟的发展历程中，主要决策机制由全体一致向有效多数制的转变曾在成员国之间引发过激烈的争执，如早在 1965 年由戴高乐将军引发的"空椅子危机（Empty Chair Crisis）"（法国驻欧共体代表连续六个月缺席欧共体会议，以消极抵制将欧共体部长理事会的决策机制改为有效多数制 ③）；直到"卢森堡妥协（Luxembourg Compromise）"这一政治协议的达成才终止了危机，该妥协使得一个成员国可以在那些"涉及重大国家利益"的问题上要求继续谈判直到达成一致（而不能简单地采用"少数服从多数"），但在实际操作中逐步使一切敏感问题的决策都

---

① 如实质性问题或程序性问题等。

② ［法］奥利维耶·科斯塔、娜塔莉·布拉克著：《欧盟是怎么运作的》，潘革平译，社会科学文献出版社 2016 年版，第 128 页。

③ 时任欧洲经济共同体委员会主席的德国人华特·哈尔斯坦（Walter Hallstein）试图将欧共体部长理事会的决策机制从全体一致改为有效多数制，以图扩大欧共体委员会的权力。

回到了全体一致规则，① 这意味着各成员国都拥有了一票否决权；自《单一欧洲法令》(Single European Act) 于 1987 年生效后，"卢森堡妥协"被正式叫停，有效多数制才得以恢复，且从此其应用范围和领域通过一系列条约的制定不断扩大，最终发展成为欧盟的主要立法规则。② 由于全体一致是一种非常苛刻的决策规则，是事实上的一票否决制，容易导致欧盟议而难决，乃至议而不决。③ 为提高决策效率，④ 减少欧洲一体化进程中的阻力，伴随着一系列条约的达成和施行，全体一致规则在欧盟决策中的使用频率已大大降低。⑤ 加之全体一致与多数表决制

---

① 如成员国可能会以"涉及重大国家利益"为理由或借口，要求将所有自己反对的议案都改为用全体一致规则进行表决，这样一来这些议案通过的可能性相比于采用多数决的方式肯定大幅降低了。

② 例如，2007 年签署的《里斯本条约》进一步把一些原本采用全体一致的领域改为采用有效多数制，其中涉及的条款从过去的 63 条增加至 96 条。参见 [法] 奥利维耶·科斯塔、娜塔莉·布拉克著：《欧盟是怎么运作的》，潘革平译，社会科学文献出版社 2016 年版，第 128—129 页。

③ 朱仁显、唐哲文：《欧盟决策机制与欧洲一体化》，《厦门大学学报（哲学社会科学版）》2002 年第 6 期。

④ 为改进全体一致规则的决策效率，《阿姆斯特丹条约》还引入了"建设性的弃权"，即在保持对重大事项的决策需全体一致的同时，为减少决策"锁死"的危险，允许做出建设性弃权的成员国无需实施通过的决议，但同时认可该决议可由欧盟实施。

⑤ 朱仁显、唐哲文：《欧盟决策机制与欧洲一体化》，《厦门大学学报（哲学社会科学版）》2002 年第 6 期。

在决策效率等方面基本没有可比性（前者远远低于后者），① 因此笔者对欧盟决策机制的讨论特别是实验设计和模拟分析主要涉及除全体一致以外的其他决策规则，都属于"少数服从多数"（而非"少数阻止多数"）的多数决规则。

一、简单多数制

《罗马条约》规定："除了本条约另有规定之外，理事会应当根据多数成员的意愿行事"，② 即过半数的成员国赞成即可通过一项决议。但这种"一国一票"的决策机制在现实中会遇到很多困难，如法国、德国等大国不同意，但其余中小国家都同意，议案也能通过，这肯定是大国所不可能接受的。因此，伴随着一系列条约的签署，"另有规定"的领域越来越多，简单多数制适用的领域则越来越少，目前主要用于处理程序性问题(而

① 全体一致规则相比其他多数表决规则，所要求的条件要严苛的多（只要有一个成员反对，表决即不通过）。通过初步的模拟实验分析发现，全体一致规则下表决通过频率（即数量效率）远远低于其他多数表决规则，加之它们适用的议题领域本就不同，直接进行对比恐怕也并不公允。因此，笔者主要研究和比较欧盟的多数决规则。

② 朱仁显、唐哲文：《欧盟决策机制与欧洲一体化》，《厦门大学学报（哲学社会科学版）》2002 年第 6 期。

非实质性问题），包括：通过议事日程、要求欧盟委员会研究问题并递交议案、要求召集政府间会议等①（所谓程序性问题可通俗地理解为要不要开会、开什么会／开会讨论什么问题、在什么时间、什么地点开会、先讨论什么问题再讨论什么问题等）。

二、加权票数制

在约半个世纪里，欧盟（欧共体）的有效多数制的内涵是加权票数制（weighted voting system）。所谓加权票数制，即并非简单的"一国一票"，而是在综合各成员国的人口、经济、综合国力、历史贡献②等多重因素的基础上给每一个成员国分配相应的票数。欧盟理事会的加权票数制由来已久，在欧共体成立之初，即按照一些较为模糊的"大小"标准来分配票数，在当时的6个创始成员国中，法国、德国和意大利各分得4票，荷兰和比利时各分得2票，卢森堡分得1票，在总共17票中获得12票（超过

---

① 朱仁显、唐哲文：《欧盟决策机制与欧洲一体化》，《厦门大学学报（哲学社会科学版）》2002年第6期。

② 如是否是欧盟（欧共体）创始成员国等。法国、德国、意大利、荷兰、比利时和卢森堡这6个创始成员国又被称为"核心六国（the inner six）"。

2/3）的赞成即被视为获得了有效多数；① 这一决策机制试图在"大国"、"中等国家"和"小国"之间达成某种平衡，其在设计时主要考虑到了形成"拥有否决权的关键少数派（blocking minority）"的各种可能的组合。②1987 年生效的《单一欧洲法令》和 1993 年生效的《马斯特里赫特条约》（Treaty of Maastricht，又称《欧洲联盟条约》）使得以加权票数制为内涵的有效多数制逐渐成为欧盟理事会的主要决策（特别是立法）规则；1999 年生效的《阿姆斯特丹条约》（Treaty of Amsterdam）进一步明确规定，扩大欧盟决策过程中有效多数制的适用领域范围，以提高决策效率；③2003 年生效的《尼斯条约》（Treaty of Nice）规定基本按成员国人口多少分配票数，安排了欧盟东扩后新老成员国的票数分配，其中法国、德国、意大利和英国票数最多，各 29 票，西班牙和波兰次之，各 27 票，马耳他票数最少，仅有 3 票，全部共 352 票，获得 260 票（占 73.9%）的赞成则被视为获得了有效多数。④

① 而对于不以委员会提交的议案为基础的决策，则以获得 4 个成员国的同意为获得了有效多数。

② ［法］奥利维耶·科斯塔、娜塔莉·布拉克著：《欧盟是怎么运作的》，潘革平译，社会科学文献出版社 2016 年版，第 129—130 页。

③ 朱仁显、唐哲文：《欧盟决策机制与欧洲一体化》，《厦门大学学报（哲学社会科学版）》2002 年第 6 期。

④ 欧盟最近的三次扩张（2004 年波兰、捷克、斯洛伐克、匈牙利、立陶宛、拉脱维亚、爱沙尼亚、斯洛文尼亚、塞浦路斯、马耳他 10 国、2007 年罗马尼亚和保加利亚以及 2013 年克罗地亚），新成员国加入后票数的分配，都是依据《尼斯条约》制定的规则来操作的。参见 ［法］奥利维耶·科斯塔、娜塔莉·布拉克著：《欧盟是怎么运作的》，潘革平译，社会科学文献出版社 2016 年版，第 131 页。

需要指出的是，欧盟理事会各成员国的票数分配是一个非常敏感的问题，因为它极大程度地决定了各个成员国左右欧盟政策制定和发展方向①的能力（影响力），当然也是一个最容易引起成员国之间争议和分歧的问题。任何人为设计的分配标准和票数分配结果都不可能做到绝对的客观中立以及让所有的成员国都满意。恐怕每一个成员国都只会觉得自己的票分少了，不可能有哪一个成员国会觉得自己的票分多了，应该让出来一些。各成员国之间的矛盾和分歧使得欧盟（欧共体）在成立之后的一次次扩张中（直至 2007 年达成《里斯本条约》），都未能对票数分配机制做出根本性的改革，只不过是通过外推法进行一次次重新计算，不断增加了总的票数，也逐渐失去了平衡的功效，并使得相关谈判变得越来越复杂和困难。②关于票数分配和决策规则的争议和冲突是导致 2003 年 12 月的布鲁塞尔首脑会议未能就《欧盟宪法条约》草案达成一致的重要原

---

① 包括欧洲一体化进程。

② 在欧盟向中东欧国家扩张之前，各方曾一致同意对欧盟的决策机制进行深刻变革，以避免欧盟无法适应成员国超过 20 个之后的复杂局面，但在《马斯特里赫特条约》和《阿姆斯特丹条约》谈判期间，各成员国领导人都未能在这一问题上达成一致，直到《里斯本条约》才得以有所突破。参见[法] 奥利维耶·科斯塔、娜塔莉·布拉克著：《欧盟是怎么运作的》，潘革平译，社会科学文献出版社 2016 年版，第 130 页。

因，① 也是 2007 年各成员国关于《里斯本条约》的最终谈判所重点关注和致力于解决的问题，② 其结果就是最终放弃了人为划分票数的加权票数制。而且，笔者判断，考虑到加权票数制天然的巨大争议性，欧盟再恢复加权票数制的可能性应该较小。

三、双重多数制

2007 年 6 月，参加欧盟峰会的 27 国首脑在布鲁塞尔就替代《欧盟宪法条约》的新条约草案达成协议，并于 2007 年 12 月在里斯本签署，即《里斯本条约》，③ 根据其规定，有效多数制的内涵调整为国家数 + 人口数的双重多数。新的双重多数

---

① 2003 年 12 月 15 日，主持欧盟首脑会议的时任意大利总理西尔维奥·贝卢斯科尼（Silvio Berlusconi）宣布，各国没能就《欧盟宪法条约》草案达成共识，因为"对表决机制的分歧太大"。参见光明网：《欧盟制宪搁浅"双速欧洲"浮现》，https://www.gmw.cn/01gmrb/2003-12/15/03-FA438D-26D39CE51948256DFC00825406.htm，2025 年 1 月 24 日。

② ［法］奥利维耶·科斯塔、娜塔莉·布拉克著：《欧盟是怎么运作的》，潘革平译，社会科学文献出版社 2016 年版，第 129 页。

③ ［法］奥利维耶·科斯塔、娜塔莉·布拉克著：《欧盟是怎么运作的》，潘革平译，社会科学文献出版社 2016 年版，第 130 页。

制从 2014 年 11 月 1 日开始实施，① 在该决策机制下，欧盟理事会要通过一项议案，需要同时满足两个条件，一是获得 55% 的成员国的赞成，二是赞成的成员国的人口达到 65% 的欧盟总人口，② 即同时要求"国家多数"和"人口多数"。一方面，"一国一票"，成员国无分大小，都是一票；另一方面，"一人一票"，一个成员国的人口越多，则票数越多。这一新的决策机制能够较好地兼顾和平衡大国与小国的利益，对德国和法国当然有利，在人口多数子规则中其人口数量的巨大优势能在以人口划分的投票权重中充分体现，③ 但对马耳他、卢森堡和塞浦路斯等小国也有好处，其在国家多数子规则中同大国一样享受"一国一票"，这些小国在缔结"获胜联盟"的过程中也可能会处于举足轻重的地位。笔者认为，欧盟的双重多数制在某种程度上类似于（或许借鉴了）美国的参众两院制度，在众议

---

① 前 3 年为过渡期。

② ［法］奥利维耶·科斯塔、娜塔莉·布拉克著：《欧盟是怎么运作的》，潘革平译，社会科学文献出版社 2016 年版，第 132 页。

③ 例如，在欧盟 27 个成员国中，德国的投票权重高达 18.72%，法国的投票权重也高达 15.11%，但还有马耳他（0.12%）、卢森堡（0.15%）、塞浦路斯（0.20%）、爱沙尼亚（0.30%）、拉脱维亚（0.42%）、斯洛文尼亚（0.47%）、立陶宛（0.65%）、克罗地亚（0.85%）一众成员的投票权重不足 1%。参见 European Council & Council of the European Union, Voting calculator, https://www.consilium.europa.eu/en/council-eu/voting-system/voting-calculator/，2025 年 3 月 6 日。

院中，人口数量越多的州，分得并拥有的席位越多（如人口最多的加利福尼亚州有 52 个席位、人口第二多的得克萨斯州有 38 个席位，而人口最少的若干个州各只有 1 个席位）；[1] 而在参议院中，各州无分大小，席位一样（都是两席），这显然也是在平衡大州和小州的利益。总结而言，《里斯本条约》确立的有效多数制的新内涵相比以往的决策机制有根本性的改变：不再依据人为设定的标准"主观性"地划分不同成员国的票数（投票权重），在新的双重多数制下标准客观唯一，权重自然划定，"国家多数"中各成员国的投票权是"一国一票"，符合主权平等的原则，而"人口多数"中各成员国的投票权直接按照其人口数量给定，"一人一票"，符合基本的民主的原则，可总结为将投票权分配从"人为划分"转向"自然划定"，最大限度地避免了各成员国之间的争议。

四、人口多数制

　　既然欧盟当前的决策机制体系既包括"一国一票"的简单

---

[1] United States House of Representatives, Directory of Representatives, https://www.house.gov/representatives，2025 年 1 月 24 日。

多数制即单一国家多数制，也包括"一人一票"+"一国一票"的双重多数制，那为什么不实验"一人一票"的单一人口多数制的效果和影响呢？毕竟，"一人一票"才最符合民主的原则，且欧盟各个成员国的公民同时也是欧盟公民（根据《马斯特里赫特条约》），他们在欧盟决策中的代表性理应是平等的。如果是"一国一票"，那么马耳他、卢森堡是 1 票，德国、法国也是 1 票，马耳他和卢森堡的 1 票只用代表几十万人的利益（换言之马耳他和卢森堡的每一个公民是被几十万分之一票在代表），而德国和法国的 1 票却要代表几千万人的利益（换言之德国和法国的每一个公民是被几千万分之一票在代表），大国公民的代表性不足小国公民的 1/100。同样都是欧盟公民，这种代表性的巨大差异恐怕是不合理的、不公平的。因此，以人口数量界定投票权重的单一人口多数制自然有其论据，值得展开实验并与欧盟现行的决策机制进行对比。

第六章

实验项目之二：
欧盟成员规模的扩张

20世纪90年代初东欧剧变和苏联解体使得欧盟（欧共体）及其各成员国领导人开始考虑将欧洲一体化扩展到整个欧洲大陆的问题，确定了扩大和深化并行的战略。[1] 自2004年起，欧盟成员国由15个急增至28个，[2] 既可以说取得了非凡的成就

---

[1] ［法］奥利维耶·科斯塔、娜塔莉·布拉克著：《欧盟是怎么运作的》，潘革平译，社会科学文献出版社2016年版，第3页。

[2] 英国退出欧盟后，当前为27个成员国。自1973年英国加入欧共体以来，数十年间英国国内要求退出欧共体（欧盟）的声音就从未间断。英国不信任欧盟的倾向有政治、经济、文化、历史和地理等多方面的深层次原因，更因立法主权、市场竞争、自由贸易、移民难民等问题而激化。在政治制

（"这种类型的区域一体化无论在规模还是强度上都取得了前所
未有的成功"①），但也面临了严峻的问题和巨大的挑战（如英
国退出欧盟、②一些欧元区国家威胁退出欧元区等）。从长期来
看，欧盟的继续扩张，是一个争议巨大、影响深远的重大议

度方面，欧盟在不少领域享有高于成员国议会的立法权，英国议会无法阻
止一些不受欢迎的欧盟法规在英国实施，这种制度安排威胁了英国"议会
至上"的制度传统，英国选民也无法对影响自身的立法实施问责；在经济
贸易方面，英国加入欧共体最初主要是为了与欧洲大陆更好地发展贸易，
而加入后，英国与其他国家的贸易安排必须通过欧盟进行，这使得英国的
海外贸易受制于欧盟，英国无法按照自己的意愿与美国、中国、英联邦其
他成员等域外经济体自由地发展贸易关系，认为其贸易利益已被欧盟"绑
架"；在移民问题与社会福利方面，自欧盟东扩以来，大批东欧国家移民涌
入英国，使得英国人认为外来移民不仅抢占了就业机会，还无偿享用英国
的医疗和福利资源，并导致犯罪率升高、住房紧张、交通拥堵等问题；而
在历史、地理和文化心理等方面，英国作为岛国，与欧洲大陆不相连接，
历史上曾长期奉行"光荣孤立（splendid isolation）"政策，不愿过多卷入
欧洲事务，一定比例的英国人也不认为自己是欧洲人。参见环球网：《英
国退出欧盟呼声不断或在 2017 年与欧盟分手》，https://world.huanqiu.com/
article/9CaKrnJLjYI，2025 年 1 月 24 日。

① ［法］奥利维耶·科斯塔、娜塔莉·布拉克著：《欧盟是怎么运作的》，潘革
平译，社会科学文献出版社 2016 年版，第 1 页。

② 时任英国首相戴维·卡梅伦（David Cameron）于 2015 年 5 月参加欧盟东
部伙伴关系峰会时表示，英国对其目前在欧盟中的现状不满，应就是否退
出欧盟举行全民公决；他表示不仅担心欧洲市场对当地市场和商业的影响，
而且英国民众对欧盟其他国家人员大量向英国移民感到恐慌。2015 年 11
月，卡梅伦正式向欧盟提出改革要求，希望在欧盟内促成有利于英国的改
革，并表示如果英国的要求得不到满足，将举行公投退出欧盟，而欧盟方
面则表示英国的要求难以接受。2016 年 6 月 23 日，英国就是否留在欧盟举

题，① 将直接影响欧盟发展方向和欧洲一体化前景。

一方面，自 2008 年全球经济危机及欧洲债务危机 ② 时起，"停扩派"就一直忧心忡忡，被债务危机搞得"焦头烂额"的西欧国家的很多政客和民众对欧盟扩员的态度已进入到了"疲劳期"。③ 欧洲经济危机刚开始显现时，德、法等国就有官员和学者认为，欧盟向中东欧国家敞开门户有欠考虑，新成员国拖累了老成员国，所以应当暂缓对待申请入盟的国家。④ 在经

行全民公投，"脱欧派"的票数以 51.9% 的微弱优势战胜"留欧派"。2017年 3 月 30 日，时任英国首相特雷莎·梅（Theresa May）正式通知欧盟，启动《里斯本条约》第 50 条，开启"脱欧"谈判程序。2020 年 1 月 9 日，在时任英国首相鲍里斯·约翰逊（Boris Johnson）任内英国议会投票通过了脱欧协议，1 月 30 日，欧盟正式批准了英国脱欧。

① 让 – 克洛德·容克（Jean-Claude Juncker）在 2014 年当选欧盟委员会主席时曾表示，在未来 5 年内欧盟会暂停接收新成员，其间会专注于巩固现有发展；但容克表示，其任内会继续与阿尔巴尼亚、波黑等西巴尔干国家的谈判，亦呼吁加强与欧盟以东国家的合作，如乌克兰与摩尔多瓦。参见环球网：《欧盟委员会新主席：未来 5 年欧盟将暂停扩张》，http://world.huanqiu.com/exclusive/2014-07/5067657.html，2024 年 12 月 27 日。

② 始于希腊的债务危机（标志性事件是 2009 年 12 月 8 日全球三大评级公司下调希腊主权评级），但蔓延波及至其他欧洲国家特别是欧元区国家。

③ 光明网：《欧盟：继续扩张吗？》，http://epaper.gmw.cn/gmrb/html/2012-11/04/nw.D110000gmrb_20121104_2-08.htm?div=-1，2025 年 1 月 24 日。

④ 时任德国总理安格拉·默克尔（Angela Merkel）甚至呼吁，一旦克罗地亚加入欧盟，欧盟就应该进入一个"巩固阶段"，暂停扩员。参见光明网：《欧盟：继续扩张吗？》，http://epaper.gmw.cn/gmrb/html/2012-11/04/nw.D110000gmrb_20121104_2-08.htm?div=-1，2025 年 1 月 24 日。

济危机的背景下，新成员国的廉价劳动力进一步加重了老成员国的就业压力；且成员国越多，整合起来就越困难，较为富裕的老成员国的财政负担和经济压力就越大。① 近些年欧盟内部关于财政政策的分歧日益显现（前有希腊"威胁"退出欧元区，后有荷兰领衔的"新汉莎同盟"对抗"法德核心"），加之欧盟各成员国在经济社会发展水平上的长期不平衡性（如"北强南弱"、"东穷西富"等 ②），使得欧洲一体化的道路遭遇挫折；在这种局面下，很多老成员国认为欧盟应该首先做好现有成员国

---

① 光明网：《欧盟：继续扩张吗？》，http://epaper.gmw.cn/gmrb/html/2012-11/04/nw.D110000gmrb_20121104_2-08.htm?div=-1，2025 年 1 月 24 日。

② 以及"双速欧洲"的出现，"核心圈"欧元区国家之间的联系愈发紧密，而"外围"非欧元区国家有可能被逐步边缘化。早在 2000 年，时任法国总统雅克·勒内·希拉克（Jacques René Chirac）就在一次演讲中提到，应当把欧盟成员国分成"愿意在欧洲统一的路上走得更快更远的国家，以及其他国家"两部分。2003 年 1 月，法国和德国第一次举行两国国会联合会议，公开要成为欧盟内"先锋国家"的意愿，意图落实"双速欧洲"。2011 年 11 月，法国和德国官员就彻底改革欧盟计划进行了商讨，希望建立"双速欧洲"或"核心欧元区"。2011 年 11 月 8 日，时任法国总统尼古拉·萨科齐（Nicolas Sarkozy）称，"双速欧洲"可能是欧洲未来唯一可行的模式，即欧元区前进的速度要快于拥有 27 个成员国的欧盟整体。然而建立"双速欧洲"以及相关的改革计划遭到欧盟其他多国反对，他们认为这会给欧洲带来"末日"。参见光明网：《欧盟：继续扩张吗？》，http://epaper.gmw.cn/gmrb/html/2012-11/04/nw.D110000gmrb_20121104_2-08.htm?div=-1，2025 年 1 月 24 日；光明网：《欧盟制宪搁浅 "双速欧洲"浮现》，https://www.gmw.cn/01gmrb/2003-12/15/03-FA438D26D39CE51948256DFC00825406.htm，2025 年 1 月 24 日。

的整合，而不是进一步扩张。①

但另一方面，"挺扩派"的声音也从未断绝，认为深化现有成员国的一体化程度和欧盟扩员之间并非二选一的问题，二者齐头并进、相互配合才能使欧盟更为强大。② 通过扩大成员国数量，欧盟才能成为国际事务中更加强大有力的参与者，在日益多极化的世界中，只有欧盟更加强大，本国的长期战略利益才能够得到更好的维护。③ 欧盟官方指明"进一步扩张是可能的"。④ 欧盟委员会主席乌尔苏拉·冯德莱恩（Ursula von der Leyen）于 2024 年 10 月在萨拉热窝表示欧盟扩大是其新任期

---

① 光明网：《欧盟：继续扩张吗?》，http://epaper.gmw.cn/gmrb/html/2012-11/04/nw.D110000gmrb_20121104_2-08.htm?div=-1，2025 年 1 月 24 日。

② 光明网：《欧盟：继续扩张吗?》，http://epaper.gmw.cn/gmrb/html/2012-11/04/nw.D110000gmrb_20121104_2-08.htm?div=-1，2025 年 1 月 24 日。

③ 维谢格拉德集团（Visegrád Group，简称 V4）四国波兰、匈牙利、捷克、斯洛伐克长期以来对欧盟扩员非常支持。时任匈牙利外长贾诺斯·马尔托尼（János Martonyi）说："扩员的火炬必须传递下去。欧洲真正成为一个内部自由的整体，这不仅仅符合维谢格拉德集团四国及中欧地区的利益，更是整个欧洲的利益所在。"参见光明网：《欧盟：继续扩张吗?》，http://epaper.gmw.cn/gmrb/html/2012-11/04/nw.D110000gmrb_20121104_2-08.htm?div=-1，2025 年 1 月 24 日；新华社：《维谢格拉德集团支持西巴尔干国家加入欧盟》，https://www.xinhuanet.com/world/2017-10/12/c_1121792485.htm，2025 年 1 月 25 日。

④ 欧盟官网关于欧盟潜在扩张的描述是："Further enlargement of the EU is possible, as ten aspiring members are currently involved in the accession process."参见 European Union，EU enlargement，https://european-union.europa.eu/principles-countries-history/eu-enlargement_en，2025 年 1 月 25 日。

内的"绝对优先事项"。①　从最近一批加入欧盟的国家②和当前作为入盟谈判对象的成员候选国（candidate country）③来看，欧盟已把素有"欧洲火药桶"之称的巴尔干半岛作为下一个重点的扩员目标地区。④有欧盟官员认为，巴尔干国家加入欧盟对欧洲的整合有着极为重要的意义，"除非巴尔干成为欧洲的一部分，否则欧洲将永无宁日"。⑤在 2023 年 12 月欧盟—西巴尔干国家峰会发表的《布鲁塞尔宣言》中，欧盟领导人呼吁西巴尔干国家⑥深化改革以"加快入盟进程"，宣言还重申了欧盟

---

① 新华社：《冯德莱恩：欧盟扩大是其任期内"绝对优先事项"》，https://www.news.cn/20241026/34f551ce959840069f5b3677ea22acfb/c.html，2025 年 1 月 25 日。

② 如 2013 年加入的克罗地亚、2007 年加入的罗马尼亚和保加利亚，都地处巴尔干半岛。

③ 欧盟的成员候选国中有一大半，如阿尔巴尼亚、波黑、黑山、北马其顿、塞尔维亚等都是巴尔干国家。参见 European Union，EU enlargement，https://european-union.europa.eu/principles-countries-history/eu-enlargement_en，2025 年 1 月 25 日。

④ 光明网：《欧盟：继续扩张吗?》，http://epaper.gmw.cn/gmrb/html/2012-11/04/nw.D110000gmrb_20121104_2-08.htm?div=-1，2025 年 1 月 24 日。欧盟为了帮助西巴尔干国家为加入欧盟做好准备，还制定了特殊程序，即"稳定和联合进程（stabilisation and association process）"。参见 European Union，EU enlargement，https://european-union.europa.eu/principles-countries-history/eu-enlargement_en，2025 年 1 月 25 日。

⑤ 光明网：《欧盟：继续扩张吗?》，http://epaper.gmw.cn/gmrb/html/2012-11/04/nw.D110000gmrb_20121104_2-08.htm?div=-1，2025 年 1 月 24 日。

⑥ 之所以呼吁的对象是西巴尔干国家，是因为东巴尔干国家如罗马尼亚、保加利亚等已经是欧盟成员国。

119

对西巴尔干国家加入欧盟的"全面和明确的承诺"。① 巴尔干国家的入盟进程普遍始于 2000 年，迄今为止取得了阶段性成果：除了 1981 年即加入欧盟的希腊，罗马尼亚、保加利亚和克罗地亚也已成为欧盟成员国；北马其顿、塞尔维亚、黑山、阿尔巴尼亚都已获得了欧盟成员候选国资格并开启了入盟谈判（membership negotiations opened）；波斯尼亚和黑塞哥维那（波黑）也已获得了欧盟成员候选国资格，但尚未开启入盟谈判，如表 2 所示。②

表 2　欧盟成员候选国名单

开启入盟谈判的成员候选国	北马其顿（2005、2022）、塞尔维亚（2010、2012）、黑山（2010、2012）、阿尔巴尼亚（2014、2022）、摩尔多瓦（2022、2024）
未开启入盟谈判的成员候选国	波黑（2022）、格鲁吉亚（2023）
"特殊"成员候选国	土耳其（1999、2005）、乌克兰（2022、2024）

资料来源：整理自 European Union, EU enlargement, https://european-union.europa.eu/principles-countries-history/eu-enlargement_en，2025 年 1 月 25 日。

注：开启入盟谈判的成员候选国的括号中的两个数字分别代表该国获得欧盟成员候选国资格的年份和开启入盟谈判的年份，未开启入盟谈判的成员候选国的括号中的数字代表该国获得欧盟成员候选国资格的年份。

综合考虑，笔者针对欧盟成员扩张的模拟实验主要设计了

---

① 新华社：《欧盟希望西巴尔干国家"加快入盟进程"》，https://www.news.cn/2023-12/14/c_1130026162.htm，2025 年 1 月 25 日。

② European Union, EU enlargement, https://european-union.europa.eu/principles-countries-history/eu-enlargement_en，2025 年 1 月 25 日。

四种方案：第一个实验方案是对照组，即现状；第二、三、四
个实验方案是实验组，假设欧盟成员规模在未来继续扩张，并
根据不同成员候选国在加入欧盟的进程（流程）中所处的环节
和对其加入欧盟的可能性程度的判断，分别设计了第一阶段扩
张、第二阶段扩张和第三阶段扩张三种方案。

一、保持现状

维持欧盟当前的 27 个成员国不变，对欧盟群体决策过程和
结果进行模拟和分析，并与欧盟成员扩张后的局面进行比较。

二、第一阶段扩张：北马其顿、塞尔维亚、
黑山、阿尔巴尼亚、摩尔多瓦

假想的第一阶段扩张选取的国家需同时满足三个条件：一是
具有欧盟成员候选国的正式资格；二是已经开启了入盟谈判；三
是在可预期的未来有相对较大的可能性加入欧盟。选取的五个国

家为北马其顿、①塞尔维亚、②黑山、③阿尔巴尼亚、④摩尔多瓦。⑤
值得指出的是，选取的上述五个成员候选国都是人口小国，特

---

① 北马其顿的入盟进程曾因与邻国希腊的国名纠纷而遭到希腊的强烈抵制并
陷入停滞。因为希腊认为"马其顿"的国名暗示马其顿对希腊北部马其顿
省存在领土要求。但这一问题通过将国名从"马其顿"更改为"北马其顿"
得到解决。参见人民网：《北马其顿！争了27年的马其顿与希腊终就国名
谈妥》，http://world.people.com.cn/n1/2018/0613/c1002-30055791.html，2025年
1月25日。

② 目前构成塞尔维亚入盟的障碍因素主要有两个：一是不承认科索沃独立的
立场；二是希望继续与俄罗斯保持传统友好关系，不愿意与欧盟一同制裁
俄罗斯。时任塞尔维亚总理亚历山大·武契奇（Aleksandar Vučić）曾表示，
"塞尔维亚的目标是加入欧洲，我们已在谈判过程中展现出了奉献精神并
作出了承诺。同时，我们还希望可以维持与俄罗斯的传统友谊。我并不认
为这有什么错，不过未来我们应该学会如何与欧盟成为一体。"参见环球
网：《塞尔维亚想要两全其美加入欧盟又维持与俄传统友谊》，http://world.
huanqiu.com/exclusive/2015-12/8179485.html，2024年12月28日。

③ 黑山于2006年6月宣布独立。欧盟方面希望黑山等西巴尔干国家在继续
推进法治、司法独立等领域改革的基础上"加快入盟进程"。参见新华社：
《欧盟希望西巴尔干国家"加快入盟进程"》，https://www.news.cn/2023-12/14/
c_1130026162.htm，2025年1月25日。

④ 阿尔巴尼亚于2014年6月正式成为欧盟成员候选国。自2009年以来，阿
尔巴尼亚曾三度申请欧盟成员候选国资格，但都功亏一篑，阿尔巴尼亚的
第四次申请最终为欧盟接受。经济落后、社会问题、政治动荡，特别是司
法制度缺陷，是阿尔巴尼亚加入欧盟的主要障碍。欧盟在其声明中指出，
阿尔巴尼亚需要在行政和司法改革、打击有组织犯罪、反腐、人权保护以
及反对民族歧视等领域取得进展。参见中国新闻网：《阿尔巴尼亚成为欧盟
成员候选国》，http://www.chinanews.com/gj/2014/06-25/6316280.shtml，2025年
1月25日。

⑤ 摩尔多瓦于2022年3月向欧盟提交入盟申请，当年6月即获得欧盟成员候
选国地位。2024年10月31日，摩尔多瓦宪法法院正式确认多数选民支持
关于加入欧盟的宪法修正案这一全民公投结果。根据这项修正案，摩尔多
瓦宪法中将新增两项条款，重申摩尔多瓦的欧洲身份和确立加入欧盟的不
可逆转性，并将加入欧盟确立为国家战略目标。参见新华社：《摩尔多瓦宪
法法院确认关于加入欧盟的公投结果》，https://www.news.cn/20241101/9fb479
fd799b44f1b2fe2039d5b5e9da/c.html，2025年1月25日。

别是与另一个成员候选国土耳其比较而言。根据欧盟当前作为主要立法规则的双重多数制（即"国家多数"+"人口多数"），这些国家加入欧盟对德、法等核心大国的投票权重的稀释较有限。

三、第二阶段扩张：波黑、格鲁吉亚

假想的第二阶段扩张选取的国家需同时满足两个条件：一是具有欧盟成员候选国的正式资格；二是人口小国，在欧盟作为主要立法规则的双重多数制下对现有成员国的投票权分配"冲击"不大。选取的两个国家为波黑 ① 和格鲁吉亚，② 两国虽已获得欧盟成员候选国资格，但都尚未开启入盟谈判。

---

① 欧盟委员会主席冯德莱恩表示在民主和法治等关键领域的法律实施将是波黑推进入盟谈判的关键，波黑应继续推进相关改革。参见新华社：《冯德莱恩：欧盟扩大是其任期内"绝对优先事项"》，https://www.news.cn/20241026/34f551ce959840069f5b3677ea22acfb/c.html，2025 年 1 月 25 日。

② 格鲁吉亚总理伊拉克利·科巴希泽（Irakli kobakhidze）于 2024 年 12 月 28 日表示，格鲁吉亚政府在 2028 年前将不再考虑开启加入欧盟谈判的议程，但他同时表示这一决定并不意味着格鲁吉亚将结束与欧盟的一体化进程，从经济角度看，到 2028 年底，格鲁吉亚将为开启入盟谈判做好适当准备。参见新华社：《格鲁吉亚宣布暂停开启加入欧盟谈判》，https://www.news.cn/world/20241129/ca2d7cdb4e104a9398f9d996ecfd2cba/c.html，2025 年 1 月 25 日。

四、第三阶段扩张：土耳其、乌克兰

假想的第三阶段扩张选取的国家需具有欧盟成员候选国资格，但在可预期的未来加入欧盟的可能性不大。选取的两个国家为土耳其和乌克兰。

土耳其于 1987 年 4 月即申请加入欧共体，于 1999 年 12 月获得欧盟成员候选国资格（是目前取得成员候选国资格但仍未加入欧盟的国家中"资历最老"的），于 2005 年 10 月正式启动入盟谈判，[①] 并在欧盟的要求下进行了大量的改革，但其入盟之路"漫长曲折"，且普遍认为其未来加入欧盟的真实可能性不高。[②] 时任奥地利总理克里斯蒂安·克恩（Christian Kern）就曾公开表示，"土耳其加入欧盟不过是一个外交空想。"[③] 自成为欧盟成员候选国以来，土耳其为满足欧盟提出的标准，相

[①] European Union, EU enlargement, https://european-union.europa.eu/principles-countries-history/eu-enlargement_en，2025 年 1 月 25 日。

[②] 新华网：《这一次，土耳其加入欧盟有戏吗？》，http://news.xinhuanet.com/world/2015-10/21/c_128338615_2.htm，2025 年 1 月 26 日。

[③] 克恩表示，"众所周知，土耳其不能达到入欧候选国家的民主标准"，并强调土耳其的经济水平也落后于欧盟平均水平。参见新华网：《土耳其入盟之路再起波折》，http://www.xinhuanet.com/world/2016-08/06/c_129208615.htm，2025 年 1 月 26 日。

继出台了数千项改革计划，包括修改宪法、完善法律制度、改善库尔德人人权等。① 但在 2006 年 12 月，欧盟终止了与土耳其入盟谈判中 35 个关键议题的 8 个，致使土耳其加入欧盟的努力严重受挫。② 更具现实意义的是，土耳其的人口数量庞大（且一直维持稳定的正增长③），与德国相当，超过法国④（且人口增长率也远超德、法两国），因此土耳其的加入将极大地稀释德、法两国的投票权重，在未来甚至可能威胁德、法两国对欧盟事务的主导权。作为欧盟的"领袖"国家，德、法两国领导人都曾公开表示不希望土耳其成为欧盟成员。⑤ 但即便如此，

---

① 新华网：《这一次，土耳其加入欧盟有戏吗?》，http://news.xinhuanet.com/world/2015-10/21/c_128338615_2.htm，2025 年 1 月 26 日。

② 新华网：《这一次，土耳其加入欧盟有戏吗?》，http://news.xinhuanet.com/world/2015-10/21/c_128338615_2.htm，2025 年 1 月 26 日。

③ Eurostat, Population change - Demographic balance and crude rates at national level，https://ec.europa.eu/eurostat/databrowser/view/DEMO_GIND__custom_10293339/bookmark/table?lang=en&bookmarkId=cdf29d2c-8d15-4f2c-96b6-a51f8a389103，2025 年 1 月 9 日。

④ 依据欧盟官方 2023 年的数据，土耳其人口为 8528 万，同比德国人口为 8436 万，法国人口为 6817 万。参见 Eurostat, Population change - Demographic balance and crude rates at national level，https://ec.europa.eu/eurostat/databrowser/view/DEMO_GIND__custom_10293339/bookmark/table?lang=en&bookmarkId=cdf29d2c-8d15-4f2c-96b6-a51f8a389103，2025 年 1 月 9 日。

⑤ 光明网：《法国总统重申反对土耳其加入欧盟》，https://www.gmw.cn/01gmrb/2007-09/22/content_674817.htm，2025 年 1 月 26 日；环球网：《德土闹僵?! 默克尔要封杀土耳其加入欧盟》，https://world.huanqiu.com/article/9CaKrnK526O，2025 年 1 月 26 日。

欧盟还是以入盟为"诱饵",鼓励土耳其继续进行国内改革,以及执行欧盟所期望的对外政策,从未彻底关闭其入盟的大门(终止与土耳其的入盟谈判)。

乌克兰于 2022 年 2 月申请加入欧盟,于同年 6 月就获得欧盟成员候选国资格,于 2024 年 6 月即启动入盟谈判,[①] 进度不可谓不快。目前乌克兰的入盟进程也得到波兰等国的大力支持和推动。[②] 然而考虑到乌克兰危机,乌克兰在可预见的未来实际加入欧盟的可能性应该较小。欧盟"火速"批准乌克兰的成员候选国资格,可能更多的是想表达对乌克兰的坚定支持,呈现"我们与乌克兰站在一起"的姿态。

[①] European Union,EU enlargement,https://european-union.europa.eu/principles-countries-history/eu-enlargement_en,2025 年 1 月 25 日。

[②] 新华社:《波兰总理:将在担任欧盟轮值主席国期间推动乌克兰入盟进程》,https://www.news.cn/20250116/7a5dc72ae101401c923d544d25d620c5/c.html,2025 年 1 月 26 日。

第七章

模拟实验结果及比较分析

本书专注于考察欧盟的决策机制变革和成员规模扩张两个关键性、争议性议题（及其交叉作用）对欧盟决策过程乃至欧洲一体化进程可能产生的影响。两个实验变量（对象）的同时变化和相互作用，可能会产生任意单个变量无法呈现的复杂机理。

如前文所述，在欧盟成员扩张方面，设计四组实验方案：（1）现状，保持欧盟现有成员规模不变（作为对照组）；（2）第一阶段的扩张，假设新增北马其顿、塞尔维亚、黑山、阿尔巴尼亚和摩尔多瓦为欧盟成员国；（3）第二阶段的扩张，假设新增波黑和格鲁吉亚为欧盟成员国；（4）第三阶段的扩张，假设新增土耳其和乌克兰为欧盟成员国。

在欧盟决策机制方面，设计三组实验方案：（1）简单多数制（作为对照组），"一国一票"，是当前欧盟处理程序性问题的主要决策机制；① （2）人口多数制（作为实验组），"一人一票"，即完全以各成员国人口占欧盟总人口的比重确定该成员国的投票权重；② （3）双重多数制（作为对照组），即当前欧盟的主要立法规则有效多数制的内涵（或具体要求），（提案的通过）需要在"一国一票"和"一人一票"的两项子规则中都达

---

① 还包括要求欧盟委员会就特定问题开展调研或提交议案供欧盟理事会表决。参见 European Council & Council of the European Union，Simple majority，https://www.consilium.europa.eu/en/council-eu/voting-system/simple-majority/，2025 年 1 月 21 日。

② 在欧盟采用《里斯本条约》确立的双重多数制之前，其加权票数制所要求的有效多数比例大约是 73%。参见 [法] 奥利维耶·科斯塔、娜塔莉·布拉克著：《欧盟是怎么运作的》，潘革平译，社会科学文献出版社 2016 年版，第 131 页。而且，当采用单一多数制时，所要求的有效多数比例一般要高于双重多数制下每一项子规则所要求的有效多数比例才合理（这样两者的决策效率才更可比，不至于过于悬殊，这种设置也大体符合欧盟决策机制设计的传统和惯例）。因此，笔者为人口多数制设定的有效多数比例为73%，高于当前欧盟的双重多数制对成员国比例要求的 55%，也高于双重多数制对人口比重要求的 65%。国际组织的决策效率的量化测度可参见罗杭、杨黎泽：《国际组织中的权力均衡与决策效率——以金砖国家新开发银行和应急储备安排为例》，《世界经济与政治》2019 年第 2 期。

到特定的多数比例。①

因决策机制设计和成员规模扩张两个变量同时变化的笛卡尔乘积（Cartesian product）为：{现状、第一阶段扩张、第二阶段扩张、第三阶段扩张} ×{简单多数、人口多数、双重多数}，因此共设置了 3×4=12 组实验方案。除决策机制和成员规模两个变量可以调节变化以外，其他所有变量都要保持不变，以构建类似于自然科学的严格的实验环境。每个实验方案模拟运行 10 次（每次运行 100 期，代表欧盟理事会的 100 次议案表决，则一共模拟了欧盟理事会的 12000 次决策），以构成一个 12×10=120 的样本集（如表 3 所示），则除直观描述以外，还可进一步展开统计分析，获取有统计支撑的一般性结果和规律。模拟实验结果如图 6 所示，纵向为成员规模扩张的四种方案，横向为决策机制设计的三种方案。

笔者主要考察三个演算变量在不同实验方案下随时间（亦是随表决进程）的动态演变（对每一个实验方案模拟运行 10 次取

---

① 值得指出的是，在《里斯本条约》确立的双重多数制实施之前曾长期使用的加权票数制不再作为开展模拟实验分析和参与比较的决策机制之一。考虑到加权票数制人为划分票数的天然主观性和巨大争议性，笔者初步判定在欧盟未来的决策实践中重返加权票数制的可能性较低。事实上，按人为划分票数的加权票数制，我们也很难预测新成员能够获得的票数多少，因为其决定因素非常复杂，除了公开的数据，我们无法预测或洞悉欧盟及其现有成员国与成员候选国之间的谈判和妥协的过程，特别是"不在桌面上的交易"。

表3 模拟实验结果：决策机制变革与成员规模扩张及其交叉影响

		现状			第一阶段扩张			第二阶段扩张			第三阶段扩张		
		表决通过频率	期望实现均值	期望实现标准差	表决通过频率	期望实现均值	期望实现标准差	表决通过频率	期望实现均值	期望实现标准差	表决通过频率	期望实现均值	期望实现标准差
简单多数	1	0.77	0.560	0.468	0.64	0.529	0.471	0.71	0.537	0.477	0.61	0.524	0.480
	2	0.72	0.546	0.488	0.61	0.498	0.471	0.62	0.498	0.479	0.57	0.494	0.484
	3	0.65	0.517	0.488	0.58	0.514	0.487	0.46	0.466	0.490	0.54	0.497	0.483
	4	0.63	0.508	0.487	0.44	0.470	0.490	0.45	0.471	0.486	0.52	0.464	0.469
	5	0.70	0.539	0.484	0.62	0.521	0.484	0.63	0.521	0.484	0.56	0.507	0.485
	6	0.58	0.511	0.481	0.54	0.500	0.482	0.49	0.475	0.483	0.50	0.481	0.487
	7	0.47	0.491	0.496	0.54	0.492	0.484	0.45	0.476	0.489	0.47	0.486	0.485
	8	0.50	0.513	0.492	0.47	0.495	0.489	0.46	0.514	0.492	0.41	0.497	0.492
	9	0.45	0.508	0.490	0.35	0.474	0.488	0.43	0.501	0.494	0.39	0.499	0.491
	10	0.37	0.484	0.496	0.34	0.483	0.494	0.26	0.489	0.489	0.36	0.475	0.488
	平均	0.584	0.5177	0.4870	0.513	0.4976	0.4840	0.496	0.4948	0.4863	0.493	0.4924	0.4844
人口多数	1	0.31	0.355	0.406	0.32	0.396	0.438	0.29	0.389	0.447	0.32	0.404	0.467
	2	0.29	0.378	0.440	0.31	0.390	0.445	0.27	0.373	0.449	0.22	0.367	0.450
	3	0.22	0.356	0.442	0.26	0.384	0.453	0.27	0.373	0.439	0.16	0.352	0.456
	4	0.19	0.340	0.425	0.23	0.349	0.434	0.24	0.352	0.434	0.15	0.37	0.462
	5	0.25	0.363	0.433	0.23	0.391	0.462	0.21	0.372	0.458	0.20	0.391	0.472

续表

		现状			第一阶段扩张			第二阶段扩张			第三阶段扩张		
		表决通过频率	期望实现均值	期望实现标准差	表决通过频率	期望实现均值	期望实现标准差	表决通过频率	期望实现均值	期望实现标准差	表决通过频率	期望实现均值	期望实现标准差
人口多数	6	0.17	0.376	0.458	0.19	0.399	0.471	0.17	0.399	0.478	0.19	0.377	0.445
	7	0.16	0.368	0.462	0.10	0.360	0.461	0.16	0.361	0.456	0.14	0.353	0.451
	8	0.27	0.450	0.485	0.26	0.387	0.466	0.25	0.418	0.470	0.15	0.404	0.470
	9	0.20	0.392	0.469	0.22	0.422	0.480	0.16	0.397	0.474	0.15	0.398	0.467
	10	0.12	0.384	0.458	0.15	0.348	0.439	0.12	0.405	0.481	0.10	0.381	0.471
	平均	0.218	0.3762	0.4478	0.227	0.3826	0.4549	0.214	0.3839	0.4586	0.178	0.3797	0.4611
双重多数	1	0.43	0.434	0.453	0.38	0.423	0.458	0.41	0.433	0.444	0.37	0.436	0.460
	2	0.35	0.443	0.466	0.33	0.408	0.448	0.37	0.436	0.471	0.33	0.406	0.457
	3	0.31	0.396	0.445	0.25	0.385	0.447	0.27	0.415	0.473	0.23	0.373	0.465
	4	0.24	0.385	0.454	0.24	0.368	0.450	0.21	0.394	0.473	0.20	0.406	0.479
	5	0.34	0.418	0.450	0.25	0.411	0.464	0.19	0.409	0.472	0.23	0.411	0.463
	6	0.27	0.431	0.465	0.22	0.403	0.468	0.17	0.434	0.483	0.16	0.406	0.476
	7	0.14	0.389	0.476	0.22	0.394	0.471	0.16	0.369	0.449	0.15	0.392	0.467
	8	0.29	0.435	0.475	0.17	0.411	0.475	0.23	0.429	0.473	0.18	0.429	0.484
	9	0.27	0.424	0.473	0.12	0.405	0.476	0.16	0.415	0.479	0.11	0.388	0.471
	10	0.14	0.443	0.486	0.10	0.420	0.486	0.10	0.412	0.478	0.06	0.443	0.489
	平均	0.278	0.4198	0.4643	0.228	0.4028	0.4643	0.227	0.4146	0.4695	0.202	0.4090	0.4711

资料来源：笔者自制。

131

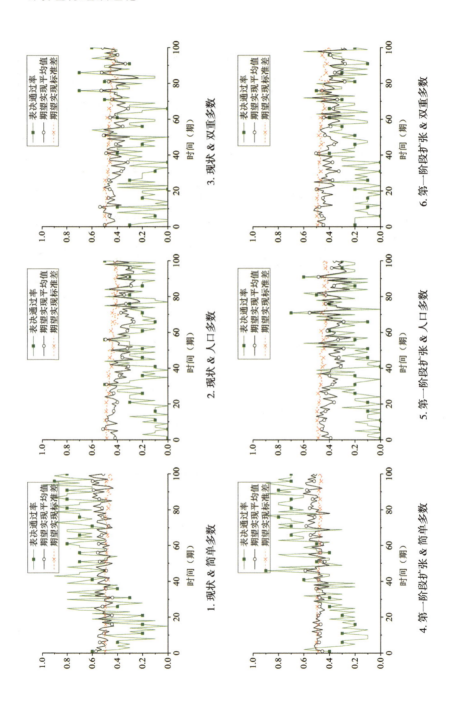

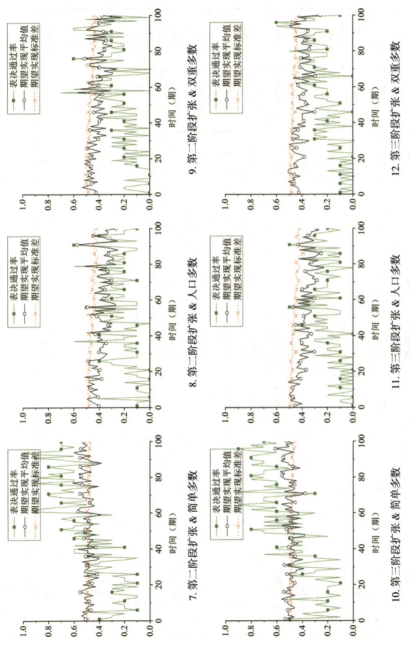

7. 第二阶段扩张 & 简单多数

8. 第二阶段扩张 & 人口多数

9. 第二阶段扩张 & 双重多数

10. 第三阶段扩张 & 简单多数

11. 第三阶段扩张 & 人口多数

12. 第三阶段扩张 & 双重多数

图 6　决策机制设计与成员扩张方案及其交叉影响的模拟实验结果演化图

资料来源：笔者自制。

注：对每一组实验方案的 10 次模拟运行结果求平均值。

表4 决策机制改革对欧盟理事会决策过程及结果的影响效力统计

成员规模	均值比较 简单多数→人口多数→双重多数	t检验 (简单多数—人口多数) Value	Sig.	t检验 (简单多数—双重多数) Value	Sig.	t检验 (人口多数—双重多数) Value	Sig.
表决通过频率 整体比较	0.522 → 0.209 → 0.234	21.881	0.000	29.453	0.000	−2.750	0.009
现状	0.584 → 0.218 → 0.278	12.273	0.000	13.272	0.000	−4.392	0.002
第一阶段扩张	0.513 → 0.227 → 0.228	9.239	0.000	17.152	0.000	−0.047	0.963
第二阶段扩张	0.496 → 0.214 → 0.227	9.266	0.000	10.973	0.000	−0.783	0.454
第三阶段扩张	0.493 → 0.178 → 0.202	19.683	0.000	22.473	0.000	−1.527	0.161
期望实现平均值 整体比较	0.5006 → 0.3806 → 0.4116	24.784	0.000	22.846	0.000	−8.595	0.000
现状	0.5177 → 0.3762 → 0.4198	10.637	0.000	11.366	0.000	−5.210	0.001
第一阶段扩张	0.4976 → 0.3826 → 0.4028	14.373	0.000	15.402	0.000	−2.722	0.024
第二阶段扩张	0.4948 → 0.3839 → 0.4146	14.008	0.000	10.661	0.000	−5.181	0.001
第三阶段扩张	0.4924 → 0.3797 → 0.4090	19.442	0.000	9.954	0.000	−5.051	0.001
期望实现标准差 整体比较	0.4854 → 0.4556 → 0.4673	11.816	0.000	10.052	0.000	−4.984	0.000
现状	0.4870 → 0.4478 → 0.4643	6.834	0.008	6.865	0.002	−3.165	0.011
第一阶段扩张	0.4840 → 0.4549 → 0.4643	5.706	0.000	5.427	0.000	−1.886	0.092
第二阶段扩张	0.4863 → 0.4586 → 0.4695	5.641	0.000	4.527	0.001	−2.159	0.059
第三阶段扩张	0.4844 → 0.4611 → 0.4711	6.628	0.000	3.676	0.005	−2.629	0.027

资料来源：笔者自制。

注：显著性概率＜0.01 用双下划线标注，显著性概率＜0.05 用单下划线标注，显著性概率＜0.1 用虚线标注。

表5　成员规模扩张对欧盟理事会决策过程及结果的影响效力统计

决策机制		均值比较 现状→第一阶段扩张→第二阶段扩张→第三阶段扩张	t检验（现状—第一阶段扩张）		t检验（第一阶段扩张—第二阶段扩张）		t检验（第二阶段扩张—第三阶段扩张）	
			Value	Sig.	Value	Sig.	Value	Sig.
表决通过频率	整体比较	0.360 → 0.323 → 0.312 → 0.291	3.122	0.004	1.150	0.260	2.254	0.032
	简单多数	0.584 → 0.513 → 0.496 → 0.493	3.201	0.011	0.804	0.442	0.137	0.894
	人口多数	0.218 → 0.227 → 0.214 → 0.178	-0.916	0.384	1.233	0.249	2.300	0.047
	双重多数	0.278 → 0.228 → 0.227 → 0.202	2.466	0.036	0.069	0.946	2.825	0.020
期望实现平均值	整体比较	0.4379 → 0.4277 → 0.4311 → 0.4270	2.261	0.031	-0.849	0.403	1.196	0.241
	简单多数	0.5177 → 0.4976 → 0.4948 → 0.4924	3.736	0.005	0.405	0.695	0.514	0.619
	人口多数	0.3762 → 0.3826 → 0.3839 → 0.3797	-0.613	0.555	-0.164	0.873	0.792	0.449
	双重多数	0.4198 → 0.4028 → 0.4146 → 0.4090	4.675	0.001	-1.996	0.077	0.716	0.492
期望实现标准差	整体比较	0.4664 → 0.4715 → 0.4677 → 0.4722	-0.627	0.535	-1.592	0.122	-0.317	0.753
	简单多数	0.4870 → 0.4840 → 0.4863 → 0.4844	1.460	0.178	-1.683	0.127	0.926	0.379
	人口多数	0.4478 → 0.4549 → 0.4586 → 0.4611	-1.321	0.219	-0.773	0.459	-0.443	0.668
	双重多数	0.4643 → 0.4643 → 0.4695 → 0.4711	0.000	1.000	-0.985	0.350	-0.423	0.682

资料来源：笔者自制。

注：显著性概率 <0.01 用双下划线标注，显著性概率 <0.05 用单下划线标注，显著性概率 <0.1 用虚线标注。

结果的平均值，如表 3 所示）："表决通过频率"即模拟欧盟理事会 100 次决策（议案表决）中通过的比例；"期望实现平均值"即对历次议案表决下全体成员的期望实现求平均值再求历史平均值（即描述各成员期望实现的集中趋势）；"期望实现标准差"即对历次议案表决下全体成员的期望实现求标准差再求历史平均值（即描述各成员期望实现的离散趋势），以分别衡量不同实验方案设计下欧盟决策系统的数量效率、质量效率和结果公平。①

将 12 组实验方案的模拟实验结果绘制成图（图 6），观察可知，在各组实验方案中随着时间的推移（即表决次数越来越多），表决通过率呈螺旋式上升趋势（在简单多数制下表现得尤为明显），即决策的数量效率在螺旋式上升；而且，在各组实验方案中随着时间的推移，期望实现标准差呈总体下降趋势，即决策结果的公平性在逐渐改善（各成员期望实现的标准差越大，说明期望实现的"贫富分化"程度越大，所以标准差越小越公平）。这是比较明显的出现了自组织、自适应或自进化的现象。虽然没有一个"中央政府"或"权威主体"在进行控制和协调，各成员主要追求自身利益最大化，但在多周期互动博弈和群体决策过程中逐渐改善了决策系统的效率，改进了

① 权利公平方面，更多是一种制度性或静态的公平标准，而非结果性或动态的公平标准，可直接基于决策机制设计的特点和特征进行判断，如大、小国之间的投票权重分配是否合理，是否与其国家实力（人口数量等）相匹配，相比而言不太需要借鉴计算机模拟实验结果即可展开分析。

决策结果的公平。这可能是所设计的心理反馈机制在起作用。

一、不同决策机制设计的影响效果统计

首先模拟并考察欧盟理事会采用不同的决策机制对决策过程及结果的多周期影响。如表 4 所示，根据 12×10 次模拟实验结果构成的样本数据展开统计分析，整体来看，简单多数制下的表决通过率即数量效率和期望实现平均值即质量效率不仅显著高于人口多数制，而且显著高于双重多数制；然而，简单多数制下的期望实现标准差不仅显著大于人口多数制，而且显著大于双重多数制，即简单多数制下的结果公平显著差于人口多数制也显著差于双重多数制。具体（细分扩张方案）来看，简单多数制在四种不同的成员扩张方案（包括现状）下的表决通过率和期望实现平均值不仅显著高于人口多数制，而且显著高于双重多数制，[①] 这说明不论欧盟是保持现状还是进一步扩张且不论扩张的规模大小，采用简单多数制相比于采用人口多

---

① 　一方面，简单多数制和人口多数制之间表决通过率比较的 t 检验的显著性概率在四种不同的成员扩张方案下都 <0.01，且简单多数制和人口多数制之间期望实现平均值比较的 t 检验的显著性概率在四种不同的成员扩张方案

数制和双重多数制，具有显著更优的数量效率和质量效率。但需要指出的是，简单多数制意味着大国与小国都是一票（不论是法、德这样的大国，还是马耳他、塞浦路斯这样的小国）。显然，将简单多数制作为普遍的、实质性的决策方式（普通立法规则），是欧盟内部的核心大国所不可能接受的。而且，简单多数制在四种不同的成员扩张方案下的期望实现标准差不仅显著大于人口多数制，而且显著大于双重多数制，①这说明不论欧盟是保持现状还是进一步扩张且不论扩张的规模大小，实行简单多数制相比于实行人口多数制和双重多数制，具有显著更差的结果公平。可见，不让大国拥有更大的投票权重，可能也不利于大国承担更多的责任，有效地协调各方矛盾、平衡各方利益、化解分歧冲突，反而无助于结果公平。综合考虑，简单多数制恐怕并非一个非常合理的决策方式，本书的模拟实验结果及对比分析也与欧盟决策的历史与实践大体相契合，简单

下也都 <0.01；另一方面，简单多数制和双重多数制之间表决通过率比较的 t 检验的显著性概率在四种不同的成员扩张方案下都 <0.01，且简单多数制和双重多数制之间期望实现平均值比较的 t 检验的显著性概率在四种不同的成员扩张方案下也都 <0.01。

① 一方面，简单多数制和人口多数制之间期望实现标准差比较的 t 检验的显著性概率在四种不同的成员扩张方案下都 <0.01；另一方面，简单多数制和双重多数制之间期望实现标准差比较的 t 检验的显著性概率在四种不同的成员扩张方案下也都 <0.01。

多数制主要被欧盟用于处理程序性问题而非实质性问题。①

　　进一步，比较人口多数制与双重多数制，整体来看，双重多数制下的表决通过率即数量效率和期望实现平均值即质量效率显著高于人口多数制；然而，双重多数制下的期望实现标准差显著大于人口多数制，即双重多数制下的结果公平显著差于人口多数制。具体来看，双重多数制在现状下的表决通过率显著高于人口多数制（但在三种扩张方案下二者没有显著差异，尽管双重多数制的表决通过率略高于人口多数制），且双重多数制在四种不同的成员扩张方案（包括现状）下的期望实现平均值都显著高于人口多数制，② 这说明不论欧盟是保持现状还是进一步扩张，采用双重多数的决策机制相比于采用单一人口多数的决策机制，具有显著更优的质量效率和相对更优的数量效率。而且，双重多数制在四种不同的成员扩张方案下的期望实现标准差都显著大于人口多数制，③ 这说明实行双重多数制

---

① European Council & Council of the European Union，Simple majority，https://www.consilium.europa.eu/en/council-eu/voting-system/simple-majority/，2025 年 1 月 21 日。

② 双重多数制和人口多数制之间表决通过率比较的 t 检验的显著性概率在现状下 <0.01，在三种扩张方案下差异不显著，且双重多数制和人口多数制之间期望实现平均值比较的 t 检验的显著性概率在现状、第二阶段扩张和第三阶段扩张方案下 <0.01，在第一阶段扩张方案下 <0.05。

③ 双重多数制和人口多数制之间期望实现标准差比较的 t 检验的显著性概率在现状和第三阶段扩张方案下 <0.05，在第一阶段扩张和第二阶段扩张方案下 <0.1。

相比于实行人口多数制，在结果公平上有较大损失。这可能是因为国家多数＋人口多数的双重多数规则相比于单一的人口多数规则，为谋求大国和小国在投票权重上的平衡而部分地采用了"一国一票"（也可以理解成为了获得占成员国多数的中小国家的接受和认可所采取的妥协或"折中方案"），在一定程度上稀释了核心大国的权力，也分散了核心大国可以承担的责任和能够发挥的作用，在某种意义上是以"牺牲"结果公平"换取"权利公平／平等（或以实质性"正义"换取程序性"正义"），可能不利于欧洲一体化进程的长远发展和深入推进。

二、不同成员扩张方案的影响效果统计

进而模拟并考察欧盟不同的成员扩张方案对欧盟理事会决策过程及结果的多周期影响。如表 5 所示，根据 12×10 次模拟实验结果构成的样本数据展开统计分析，整体来看，从现状到第一阶段扩张，表决通过率即数量效率和期望实现平均值即质量效率都显著下降；但从第一阶段扩张到第二阶段扩张，表决通过率和期望实现平均值都没有显著变化；从第二阶段扩张到第三阶段扩张，表决通过率显著下降；此外，伴随着欧盟成

员规模的扩大，期望实现标准差即结果公平没有显著变化。具体（细分决策机制）来看，从现状到第一阶段扩张，在简单多数制和双重多数制这两种欧盟现行的决策机制下表决通过率即数量效率和期望实现平均值即质量效率都出现了显著下降（但在人口多数制下表决通过率和期望实现平均值还出现小幅上升，尽管并不显著，似乎人口多数制对扩张的副作用有"免疫能力"？更能应对欧盟扩张后的复杂局面？）；从第一阶段扩张再到第二阶段扩张，在三种决策机制下表决通过率即数量效率都没有显著变化，在简单多数制和人口多数制下期望实现平均值即质量效率也没有显著变化，但在双重多数制下期望实现平均值出现了显著上升；从第二阶段扩张再到第三阶段扩张，在人口多数制和双重多数制（欧盟当前的主要立法规则）下表决通过率即数量效率出现了显著下降。从总体趋势上考察，欧盟决策的数量效率和质量效率伴随着成员规模的扩大而递减，[1]这可能是因为随着欧盟成员规模的扩大和成员构成的庞杂，各成员国利益格局和政策偏好更加分散多元，整体上协调一致、形成决策会变得越来越困难。回过头来看，英国的退出也未必

---

[1] 仅第二阶段扩张相比于第一阶段扩张基本没有显著变化，这可能是因为笔者设计的第二阶段扩张方案的规模较小，仅包括两个获得欧盟成员候选国身份但尚未开启入盟谈判的小国——波黑和格鲁吉亚，不会对欧盟内部的权力格局产生什么冲击，也谈不上对核心大国权力的稀释和分散。

是坏事，欧盟成员在一定程度上的收缩和"精炼"，可能反而有利于提高欧盟的决策效率，并促进欧盟内部的团结和凝聚、加速欧洲一体化进程。

进一步两两比较和深入剖析不同的扩张阶段及其影响，从现状到第一阶段扩张，欧盟决策的数量效率和质量效率都出现了显著下降，这意味着欧盟将更加难以形成决策，进而采取行动，发挥出有建设性的作用，而且更加难以平衡和兼顾各方的利益，使得大部分的成员国都满意。可见，现阶段的欧盟恐怕不宜再轻易地进行扩张，哪怕是一个小规模的、有限度的扩张方案——仅接纳巴尔干半岛数个国内外形势较好的小国，而应当更专注于内部的整合。事实上，法国于 2019 年 10 月一度否决过开启北马其顿和阿尔巴尼亚的入盟谈判，[①] 表现出对欧盟进一步扩张的"疑虑"和"担忧"。笔者在理论上的思考、模型上的推演和基于模拟实验的预测和分析也与欧盟大国在实践中的行为和选择有一定契合。

有意思的是，从第一阶段扩张到第二阶段扩张，欧盟决策的数量效率和质量效率总体上没有显著变化，不过在双重多数制这一种决策机制下质量效率还出现了显著上升。假设欧盟已经完成了第一阶段扩张（接纳所有正在进行入盟谈判的欧盟成

---

① 环球网：《欧洲理事会主席与阿尔巴尼亚和北马其顿领导人讨论入盟问题》，https://world.huanqiu.com/article/9CaKrnKp40E，2025 年 3 月 6 日。

员候选国），那么不妨也开展第二阶段扩张（"顺势"接纳人口较少的其他欧盟成员候选国）。确实，如果是已经完成第一阶段扩张即纳入了 5 个小国的情况下，再纳入 2 个小国也"有何不可"？既不会降低欧盟的决策效率，反而可能使权力分布更加向核心大国集中，也能改善巴尔干半岛的地缘环境，并进一步扩大欧盟的体量和国际影响力。

但从第二阶段扩张到第三阶段扩张，欧盟决策的数量效率和质量效率出现全面下降，特别是在人口多数制和双重多数制（欧盟当前的主要立法规则）下的数量效率都将出现显著下降，这将使得欧盟决策的达成以及行动的采取更加困难，各成员国的利益实现也受到影响。

另外，在三种不同的决策机制下，伴随着欧盟成员规模的扩大，期望实现标准差的变化都不显著，这说明欧盟成员规模的变化对结果公平的影响较小。伴随着欧盟成员规模的庞杂，效率损失往往难以避免，但并不必定导致公平损失。

第八章

总　结

长期以来，从国际关系、国际法等人文社会科学角度研究国际组织作为主流路径，为我们认识国际组织奠定了基础，而为进一步推进国际组织的学科建设和理论建设，做出更具创新性的成果，我们应当勇于做出新尝试，补充理工科的维度，尝试从科学家的视野观察国际组织的结构、功能、运行模式乃至生态环境，①从工程师的视角思考国际组织制度建设和规则设

---

① 罗杭、李博轩：《国际组织的竞争与死亡——一种生态学的视角》，《世界经济与政治》2023 年第 7 期。

计中的关键技术，①借助计算科学、计算实验等工具方法监测乃至预测国际组织运行中的故障问题、潜在风险并调整修正、排查改进、预防预警，以更系统、深入地把握国际组织发展中的危与机、新现象和新规律，服务国际组织建设和全球治理。

本书主要基于多智能体建模与仿真技术，并集成群体决策理论、社会网络模型和系统动力学，通过概念模型（因果关系图设计）、数学模型（微观决策行为和宏观网络结构及其互动的规则建构）和计算机模型（软件编程）的完整建模过程，构建了一个内嵌于复杂网络的国际组织决策的多智能体模拟实验系统，并以欧盟理事会为例，考察了欧盟成员构成演变和决策机制变革等关键性、争议性议题对欧盟决策过程和结果的长周期影响。通过在计算机虚拟环境中构建严格的实验条件（严格控制变量的"变"与"不变"，即除调控所要研究的变量以外，其他所有变量都要保持不变），设计对照组和实验组，分析和比较了现实中难以尝试的不同决策机制设计和不同成员扩张方案对欧盟成员互动博弈过程和群体决策结果的长周期影响，亦为思考欧盟的发展方向和欧洲一体化前景提供启示、政策建议和计算支撑。

---

① Hang Luo and Lize Yang，Equality and Equity in Emerging Multilateral Financial Institutions：The Case of the BRICS Institutions，*Global Policy*，2021，12（4）：482–508.

计算国际组织理论

　　本书呈现了人工智能模型和计算机仿真技术（特别是多智能体系统建模与仿真）在国际组织领域的一次系统性应用，通过综合集成基于群体决策理论的多主体行为互动机制、基于社会网络模型的异质性多源影响规则和基于系统动力学的心理反馈机制，不仅对于国际关系（特别是国际组织）研究来说是一种比较独特的分析路径，而且对一般性的社会系统仿真研究在模型和方法上也提供一定借鉴意义，可谓是"计算国际组织理论"这一新兴交叉领域的一次系统性展示。

　　针对欧盟决策机制变革和成员规模扩张的计算机模拟实验也发现了一系列有意义的结论。在欧盟决策机制的设计方面，模拟实验发现，简单多数制相比于人口多数制和双重多数制具有显著更高的表决通过率即数量效率，也具有显著更高的期望实现平均值即质量效率，但"一国一票"（不论是法、德这样的大国，还是马耳他、塞浦路斯这样的小国都是一票）的决策机制在现实中不可能为欧盟内的"领袖"大国所接受，特别是作为实质性问题的决策机制；而且，简单多数制相比于人口多数制和双重多数制具有显著更大的期望实现标准差即更差的结果公平，毕竟，"一国一票"不利于大国承担更多的责任，发挥更大的作用，恐无助于欧盟真正实现成员国间利益 ①

---

① 期望实现 / 目标实现。

146

的平衡，进而影响欧洲一体化进程的稳步推进。① 而"一国一票"+"一人一票"的双重多数制相比于单一的人口多数制，具有显著更优的数量效率特别是质量效率，但也显著损失了结果公平，各成员国的国家利益实现并不均衡。双重多数制作为平衡大、小国权益的"折中方案"，考虑和照顾了小国的权益而部分地采用了"一国一票"，但也分散了核心大国能够施加的作用和影响，弱化了核心大国可以承担的责任和功能，在某种意义上是以结果公平换取权利平等，可能不利于欧盟的长远发展和深度整合以及维持欧洲一体化的稳定② 前景。近年来，欧盟接连出现的一系列"不安定、不团结"因素（典型事件如英国退出欧盟、希腊债务危机及退出欧元区风波，甚至作为欧盟"领袖"和创始成员国的法国也有总统候选人③ 喊出退出欧元区并公投退出欧盟的口号，意大利也出现退出欧元区的呼声等），这既预示着欧洲一体化进程的挫折，恐也与欧盟当前决

---

① "一国一票"的简单多数制恐怕并不适应于成员构成庞杂与利益结构多元的复杂格局。

② 稳步推进的。

③ 法国国民阵线党所推总统候选人玛丽娜·勒庞（Marine Le Pen）。参见新华社：《勒庞"加速"脱欧　法总统发出"围剿"动员令》，http://www.xinhua-net.com/world/2017-04/30/c_129582181.htm，2025 年 1 月 26 日。

策机制设计中的问题有一定关系。①

　　在欧盟成员扩张的方案方面，模拟实验发现，随着欧盟成员规模的扩大，不论是表决通过率即数量效率还是期望实现平均值即质量效率都总体上呈下降趋势。这也反过来说明英国退出欧盟未必是一件坏事，因为英国退出欧盟可视为欧盟成员的收缩和"精炼"。伴随着欧盟成员规模的扩大和成员构成的庞杂，欧盟内部的利益格局更加分化复杂，偏好分布更加分散多元，成员国之间协调一致、形成决策的难度越来越大，恐不利于推进欧盟内部的整合和欧洲一体化的深化。实验结果发现，即便是一个相对保守的、有限度的未来扩张计划——仅接纳巴尔干半岛的数个国内外形势较好的小国（都是已开启入盟谈判的欧盟成员候选国），也会使得欧盟决策的数量效率和质量效率出现显著下滑。为了避免因扩张"过度"而陷入非建设性的"内耗"、"停滞"乃至"瘫痪"，当前的欧盟应当专注于内部的整合。根据实验结果，虽然第一阶段扩张相比于保持现状显著降低了欧盟决策的数量效率和质量效率，但第二阶段扩张相比于第一阶段扩张对欧盟决策的数量效率和质量效率却基本没有

---

① 伴随着欧盟的扩张和新成员国的加入，可能更加需要设计一套尊重大国影响、体现大国分量、兼顾和平衡大、小国权益的决策制度，使得全体成员能够群策群力、协同合作，更好地治理和解决区域共同问题，实现共同目标和利益。

显著影响；如果欧盟扩张已经是既定目标或既成事实，完成了第一阶段扩张，那么不妨继续推进第二阶段扩张（纳入当前尚未开启入盟谈判的成员候选国），这也有利于维护欧盟的周边安全稳定、优化地缘政治环境，① 并增进欧盟的整体实力和国际竞争力（影响力）；② 但第三阶段扩张会显著降低欧盟的决策效率，③ 弱化欧盟形成决策、采取行动的能力，使欧盟更容易陷入"瘫痪"和"无所作为"。还有一个有价值的发现是，伴随着欧盟成员规模的扩张，期望实现的标准差变化不显著，亦没有呈现出明显的递增或递减规律，即欧盟成员的扩张并不会导致结果公平的明显规律性变化。

欧盟（欧共同）从最早的 6 个创始成员国，一步步发展壮大到最多 28 个成员国，成员结构日益庞杂、利益格局愈发多元、偏好分布越加分化，当前的欧盟可以说已经面临了"前所未有"的复杂局面。为维持欧盟的稳定团结和长远发展，更加需要设计一套科学合理、富有创意的决策制度，④ 并有效控制、合理安排欧盟的扩员计划，以在欧洲一体化⑤的进程中有

---

① 将整个巴尔干半岛纳入欧盟版图，甚至探入高加索地区。

② 包括增加欧盟在欧洲以外其他区域的话语权和影响力。

③ 主要是数量效率。

④ 既要兼顾和平衡各成员国多样化（乃至对立）的利益和偏好，也要保障欧盟整体的决策效率、稳步推进欧洲一体化进程。

⑤ 包括扩大和深化。

效化解矛盾、解决争议、凝聚共识，治理关键问题，实现共同目标。

基于人工智能模型和计算机仿真技术（特别是多智能体建模与仿真）的国际组织决策模拟实验，推进和夯实了"计算国际组织理论"这一新兴交叉领域，通过构建严格的虚拟实验环境和平行运行不同的实验方案，将可以为国际组织特别是其决策机制设计与成员扩张方案选择等在现实世界难以实验的重大问题的研究提供可能性，为国际组织的理论创新提供相对独特的分析视角和路径，为国际组织的学科建设和人才培养提供前沿、系统的理论和技术支撑。

参考文献

一、中文

（一）专著

[法] 奥利维耶·科斯塔、娜塔莉·布拉克著：《欧盟是怎么运作的》，潘革平译，社会科学文献出版社 2016 年版。

曹建明：《欧洲联盟法》，浙江人民出版社 2000 年版。

[英] 弗兰西斯·斯奈德著：《欧洲联盟法概论》，宋英译，北京大学出版社 1996 年版。

[美] 托尼·朱特著：《论欧洲》，王晨译，中信出版社 2015 年版。

[美] 约翰·米勒、斯科特·佩奇著：《复杂适应系统：社会生活计算模型导论》，隆云滔译，上海人民出版社 2012 年版。

[英] 约翰·平德著：《欧盟概览》，戴炳然译，外语教学

与研究出版社 2015 年版。

（二）期刊论文

方国学：《欧盟的决策机制：机构、权限与程序》，《中国行政管理》2008 年第 2 期。

蒋国银、胡斌：《集成博弈和多智能体的人群工作互动行为研究》，《管理科学学报》2011 年第 2 期。

蒋国银、胡斌、王缓缓：《基于 Agent 和进化博弈的服务商动态联盟协同管理策略研究》，《中国管理科学》2009 年第 2 期。

罗杭：《"适度的分裂"：重释欧洲兴起、亚洲衰落与复兴》，《世界经济与政治》2016 年第 10 期。

罗杭：《国际组织决策的智能体计算实验——以欧盟成员构成演变与决策机制变革为例》，《世界经济与政治》2020 年第 7 期。

罗杭：《国际组织的决策机制设计》，《中国社会科学报》2024 年 9 月 12 日。

罗杭、李博轩：《国际结构分析与国家权力测量——基于大数据的网络分析》，《世界经济与政治》2021 年第 6 期。

罗杭、李博轩：《国际组织的竞争与死亡——一种生态学的视角》，《世界经济与政治》2023 年第 7 期。

罗杭、孟庆国：《安理会改革与大国博弈的多智能体模拟》，《世界经济与政治》2013 年第 6 期。

罗杭、杨黎泽：《国际组织中的投票权与投票权力——以亚洲基础设施投资银行为例》，《世界经济与政治》2018 年第 2 期。

罗杭、杨黎泽：《国际组织中的权力均衡与决策效率——以金砖国家新开发银行和应急储备安排为例》，《世界经济与政治》2019 年第 2 期。

罗杭、杨黎泽：《国际组织中的权力格局评价——以世界银行、亚开行和亚投行的比较为例》，《世界经济与政治》2022 年第 11 期。

罗杭、张毅、孟庆国：《基于多智能体的城市群政策协调建模与仿真》，《中国管理科学》2015 年第 1 期。

蒙克：《技能专有性、福利国家和欧洲一体化——脱欧的政治经济学》，《世界经济与政治》2016 年第 9 期。

孟庆国、罗杭：《基于多智能体的城市群政府合作建模与仿真——嵌入并反馈于一个异构性社会网络》，《管理科学学报》2017 年第 3 期。

庞珣：《国际关系研究的定量方法：定义、规则与操作》，《世界经济与政治》2014 年第 1 期。

王朔、李超：《当前欧洲一体化面临的困境及未来走势》，《现代国际关系》2016 年第 3 期。

邢瑞磊：《比较视野下的欧盟政策制定与决策：理论与模式》，《欧洲研究》2014 年第 1 期。

张磊：《欧盟共同决策程序的变革——以"三方会谈"为例》，

《欧洲研究》2013年第2期。

朱仁显、唐哲文:《欧盟决策机制与欧洲一体化》,《厦门大学学报(哲学社会科学版)》2002年第6期。

(三)网络资料

光明网:《法国总统重申反对土耳其加入欧盟》,https://www.gmw.cn/01gmrb/2007-09/22/content_674817.htm,2025年1月26日。

光明网:《欧盟:继续扩张吗?》,http://epaper.gmw.cn/gmrb/html/2012-11/04/nw.D110000gmrb_20121104_2-08.htm?div=-1,2025年1月24日。

光明网:《欧盟制宪搁浅"双速欧洲"浮现》,https://www.gmw.cn/01gmrb/2003-12/15/03-FA438D26D39CE51948256D-FC00825406.htm,2025年1月24日。

环球网:《德土闹僵?!默克尔要封杀土耳其加入欧盟》,https://world.huanqiu.com/article/9CaKrnK526O,2025年1月26日。

环球网:《欧盟委员会新主席:未来5年欧盟将暂停扩张》,http://world.huanqiu.com/exclusive/2014-07/5067657.html,2024年12月27日。

环球网:《欧洲理事会主席与阿尔巴尼亚和北马其顿领导人讨论入盟问题》,https://world.huanqiu.com/article/9CaKrnKp40E,2025年3月6日。

环球网:《塞尔维亚想要两全其美 加入欧盟又维持与俄传统友谊》,http://world.huanqiu.com/exclusive/2015-12/8179485.html,2024年12月28日。

环球网:《杨凡欣:意大利公投失败或掀开欧元区解体序幕》,https://opinion.huanqiu.com/article/9CaKrnJZ0vB,2025年1月14日。

环球网:《英国退出欧盟呼声不断或在2017年与欧盟分手》,https://world.huanqiu.com/article/9CaKrnJLjYI,2025年1月24日。

人民网:《北马其顿! 争了27年的马其顿与希腊终就国名谈妥》,http://world.people.com.cn/n1/2018/0613/c1002-30055791.html,2025年1月25日。

新华社:《波兰总理:将在担任欧盟轮值主席国期间推动乌克兰入盟进程》,https://www.news.cn/20250116/7a5dc72ae101401c923d544d25d620c5/c.html,2025年1月26日。

新华社:《冯德莱恩:欧盟扩大是其任期内"绝对优先事项"》,https://www.news.cn/20241026/34f551ce959840069f5b3677ea22acfb/c.html,2025年1月25日。

新华社:《格鲁吉亚宣布暂停开启加入欧盟谈判》,https://www.news.cn/world/20241129/ca2d7cdb4e104a9398f9d996ecfd-2cba/c.html,2025年1月25日。

新华社:《勒庞"加速"脱欧 法总统发出"围剿"动员令 》,http://www.xinhuanet.com/world/2017-04/30/c_129582181.htm,2025年1月26日。

新华社:《摩尔多瓦宪法法院确认关于加入欧盟的公投结果 》,https://www.news.cn/20241101/9fb479fd799b44f1b2fe2039d5b5e9da/c.html,2025年1月25日。

新华社:《欧盟希望西巴尔干国家"加快入盟进程"》,https://www.news.cn/2023-12/14/c_1130026162.htm,2025年1月25日。

新华社:《维谢格拉德集团支持西巴尔干国家加入欧盟》,https://www.xinhuanet.com/world/2017-10/12/c_1121792485.htm,2025年1月25日。

新华网:《"失去"希腊 欧洲会怎样》,http://www.xinhua-net.com/world/2015-07/02/c_127976549.htm,2025年1月25日。

新华网:《土耳其入盟之路再起波折》,http://www.xinhua-net.com/world/2016-08/06/c_129208615.htm,2025年1月26日。

新华网:《这一次,土耳其加入欧盟有戏吗?》,http://news.xinhuanet.com/world/2015-10/21/c_128338615_2.htm,2025年1月26日

中国新闻网:《阿尔巴尼亚成为欧盟成员候选国》,http://www.chinanews.com/gj/2014/06-25/6316280.shtml,2025年1月25日。

二、外文

(一) 专著

Kenneth A. Armstrong, *Brexit Time：Leaving the EU—Why, How and When?* Cambridge：Cambridge University Press, 2017.

Tim Oliver, *Understanding Brexit：A Concise Introduction,* Bristol：Policy Press, 2018.

(二) 期刊论文

Amirali Salehi-Abari and Craig Boutilier, Empathetic Social Choice on Social Networks, *13th International Conference on Autonomous Agents and Multiagent Systems*, Paris, France, 2014.

Daniel Maliniak, Amy Oakes, Susan Peterson, and Michael J. Tierney, International Relations in the US Academy, *International Studies Quarterly*, 2011, 55 (2).

Fuad Aleskerov, Gamze Avci, Viatcheslav Iakouba, and Z. Umut Türem, European Union Enlargement：Power Distribution Implications of the New Institutional Arrangements, *European Journal of Political Research*, 2002, 41 (3).

Hang Luo, How to Address Multiple Sources of Influence in Group Decision-making? From a Non-ordering to an Ordering Approach, *19th International Conference on Group Decision and Negotiation*, Loughborough, UK, 2019, *Lecture Notes in Business*

Information Processing，351.

Hang Luo，Individual，Coalitional and Structural Influence in Group Decision-making，*16th International Conference on Modeling Decisions for Artificial Intelligence*，Milan，Italy，2019，*Lecture Notes in Artificial Intelligence*，11676.

Hang Luo，Influence across Agents and Issues in Combinatorial and Collective Decision-making，*20th International Conference on Group Decision and Negotiation*，Toronto，Canada，2020，*Lecture Notes in Business Information Processing*，388.

Hang Luo and Lize Yang，Equality and Equity in Emerging Multilateral Financial Institutions：The Case of the BRICS Institutions，*Global Policy*，2021，12（4）.

Hang Luo，Lize Yang，and Kourosh Houshmand，Power Structure Dynamics in Growing Multilateral Development Banks：The Case of the Asian Infrastructure Investment Bank，*Global Policy*，2021，12（1）.

Jiang Wu，Bin Hu，Jinlong Zhang，and Da Fang，Multi-agent Simulation of Group Behavior in E-Government Policy Decision，*Simulation Modelling Practice and Theory*，2008，16（2）.

Madeleine O. Hosli，Admission of European Free Trade Association States to the European Community：Effects on Voting Power in the European Community Council of Ministers, *International Organization*, 1993, 47 (4).

Madeleine O. Hosli, The Balance between Small and Large : Effects of a Double-Majority System on Voting, *International Studies Quarterly*, 1995, 39 (3).

Umberto Grandi, Hang Luo, Nicolas Maudet, and Francesca Rossi, Aggregating CP-nets with Unfeasible Outcomes, *20th International Conference on Principles and Practice of Constraint Programming*, Lyon, France, 2014, *Lecture Notes in Computer Science*, 8656.

（三）网络资料

European Central Bank, Our money, https://www.ecb.europa.eu/euro/intro/html/index.en.html, 2025 年 3 月 6 日。

European Council & Council of the European Union, Qualified majority, https://www.consilium.europa.eu/en/council-eu/voting-system/qualified-majority/, 2025 年 1 月 16 日。

European Council & Council of the European Union, Search for voting results, https://www.consilium.europa.eu/en/general-secretariat/corporate-policies/transparency/open-data/voting-results/, 2025 年 1 月 22 日。

European Council & Council of the European Union, Simple majority, https://www.consilium.europa.eu/en/council-eu/voting-system/simple-majority/，2025 年 1 月 21 日。

European Council & Council of the European Union，Unanim-ity，https://www.consilium.europa.eu/en/council-eu/voting-system/unanimity/，2025 年 1 月 13 日。

European Council & Council of the European Union，Voting calculator，https://www.consilium.europa.eu/en/council-eu/voting-system/voting-calculator/，2025 年 3 月 6 日。

European Council & Council of the European Union，Voting system：How does the Council vote? https://www.consilium.europa.eu/en/council-eu/voting-system/，2025 年 1 月 24 日。

European Union，EU enlargement，https://european-union.europa.eu/principles-countries-history/eu-enlargement_en，2025 年 1 月 25 日。

European Union，Types of institutions and bodies，https://european-union.europa.eu/institutions-law-budget/institutions-and-bodies/types-institutions-and-bodies_en，2024 年 12 月 20 日。

Eurostat，Population change-Demographic balance and crude rates at national level，https://ec.europa.eu/eurostat/databrowser/view/DEMO_GIND_custom_10293339/bookmark/table?lang=en&bookmarkId=cdf29d2c-8d15-4f2c-96b6-a51f8a389103，2025 年 1 月 9 日。

Ministry of Finance Finland，Finance ministers from Denmark, Estonia, Finland, Ireland, Latvia, Lithuania, the Netherlands and Sweden underline their shared views and values in the discussion on the architecture of the EMU, https://vm.fi/documents/10623/6305483/Position+EMU+Denmark+Estonia+Finland+Ireland+Latvia+Lithuania+the+Netherlands+and+Sweden. pdf/99e70c41-6348-4c06-8ff8-ed2965d16700/Position+EMU+Denmark+Estonia+Finland+Ireland+Latvia+Lithuania+the+Netherlands+and +Sweden.pdf.pdf, 2025 年 1 月 17 日。

Netlogo, Home, https://ccl.northwestern.edu/netlogo/, 2025 年 1 月 18 日。

Netlogo, User Manuals, https://ccl.northwestern.edu/netlogo/4.0.4/docs/NetLogo_manual_chinese.pdf, 2025 年 1 月 18 日。

United States House of Representatives, Directory of Representatives, https://www.house.gov/representatives, 2025 年 1 月 24 日。

Willem Oosterveld and Bianca Torossian, A Balancing Act : The Role of Middle Powers in Contemporary Diplomacy, https://www.clingendael.org/pub/2018/strategic-monitor-2018-2019/a-balancing-act/, 2025 年 1 月 18 日。

World Bank Group, IBRD Articles of Agreement, http://www.worldbank.org/en/about/articles-of-agreement/ibrd-articles-of-agreement, 2025 年 3 月 5 日。

后　记

　　我在学术道路上的成长离不开我的导师张毅教授、孟庆国教授和 Nicolas Maudet 教授在我求学各个阶段对我的训练和指导、关心和帮助，离不开长期以来家人的陪伴和支持。感谢人民出版社彭代琪格编辑的邀约和在本书出版过程中无微不至的帮助。

责任编辑：彭代琪格

图书在版编目（CIP）数据

计算国际组织理论 / 罗杭 著 . -- 北京：人民出版社，2025.6. -- ISBN 978 - 7 - 01 - 027241 - 2

I. D813

中国国家版本馆 CIP 数据核字第 20255W2K99 号

计算国际组织理论

JISUAN GUOJI ZUZHI LILUN

罗 杭 著

人民出版社 出版发行

（100706 北京市东城区隆福寺街 99 号）

中煤（北京）印务有限公司印刷 新华书店经销

2025 年 6 月第 1 版 2025 年 6 月北京第 1 次印刷

开本：710 毫米 × 1000 毫米 1/16 印张：10.75

字数：109 千字

ISBN 978 - 7 - 01 - 027241 - 2 定价：50.00 元

邮购地址 100706 北京市东城区隆福寺街 99 号

人民东方图书销售中心 电话（010）65250042 65289539